설렘은 여전히

설렘은 여전히

소영자 수필집

신아출판사

■ 책을 내면서

지금에 와서 그 이름을 다시 불러도 설렘은 여전하다. 내 어머니의 머리맡에 항상 놓여 있는 책 중에 최독권 씨가 쓴 ≪승방비곡≫은 열한 살 적에 손에 쥐었다. 많은 책 속에서 인생관과 세계관을 찾으며 무수히 사색思索과 사고思考를 했던 사춘기 시절도 있었다. 고등학교를 졸업하면서 벽공동인이라는 문학 모임에서 활동했다. 50년대 후반 벽공동인 문학회는 내 고향 전주에서 활발했다. 남녀칠세부동석이라는 유교사상이 있었던 그 시절에 열두 명의 남녀 회원으로 이루어졌다. 동인 모임은 주로 다가산 밑에 있었던 미니 골프장의 조그마한 사무실에서였다. 만날 때마다 고전 등 읽은 책에 대한 토론과 원고에 대한 추고가 있었다. 그 시절 낭만에 젖어 심오한 문학의 세계를 순수하게 꿈꾸어 왔던 젊은 문학도들의 모임이었다. 그때의 동인지는 등사기로 밀어서 만들었다. 벽공동인지는 10집까지 냈다. 남자들은 하나둘씩 군대에 가기 시작했고 여자 동인들은 타지방으로 시집을 가면서 활동이 중단되었다.

1959년도에 삼남일보에 〈마음의 창〉이라는 수필을 기고했다. 무엇에 취했던지 그간 멀리 접어두었다가 늦깎이로 그 이름을 다시 부르며 설렘으로 하루하루를 여유로움 속에 보내고 있는지… 긴 여정 속에서 한 번도 버려본 적 없는 마음이었지만 세구한 세월만 보낸 것 같다. 문학은 내 마음의 정서와 사상을 키운 견권지정이라고 할 수 있다. 루소의 ≪참회록≫에서 내 세계관을 엿볼 수 있었던 것처럼 앞으로 남은 생은 마른 잎은 굴러도 대지는 살아 있다는 임어당의 철학처럼 살아가려 한다.

소 영 자

1부

사우思友

2부

내 인생관을 돌려놓은 그 사람

3부
옥례언니와 콩나물

4부

다듬잇돌

5부
병실에서 만난 소녀

1부

사우思友

사우思友

60년 만에 찾아간 그곳은 유년 시절에 자주 놀았던, 초등학교 옆산에 자리하고 있는 동네다. 그때에 다정했던 초등학교 친구의 얼굴이 사뭇 떠올라 그곳에 찾아가 보았다. 항상 가슴에 머물러 있는 친구는 한가로움이 찾아들 때마다 얼굴과 동네 안에 있는 그의 집까지도 평화롭게 떠오른다. 언젠가는 만나야지 하면서도 어언 60년이란 세월을 보내고 말았다.

그런데 막상 찾아가 보니 그곳도 세월 따라 많이 변했다. 유년 시절 친구는 흐르는 세월 속에서 어떻게 변하였을지 궁금하다.

너무 많은 세월 앞에 그 옛날의 모습만 떠오르니 어떻게 그 친구를 찾을 수 있을까 걱정이 앞섰다. 혹시라도 그 친구의 친척이나 이웃에 살았던 사람이 소식을 알고 있다면 찾아서 어떤 말부터 해야 할지, 다행히도 만나게 되면 나를 알아볼지 많은 생각이 머리를 복잡하게 한다. 아뿔싸! 오로지 그 옛날 아름다운 우정만을 가지고 무작정 찾아 나선 내가 현실을 직시 못했던 것이구나. 한 해 두 해도 아니고 십 년의 강산이 벌써 여섯 번 바뀌어 세상도 한 시대가 넘어 2010년이다.

그렇게 가슴 한구석에 담고 살아온 좋은 친구를 그간 무엇에 취하여 살다가, 만날 수가 없었는지 회심이 든다. 동네도 완전히 변해 버리고 사람도 황혼에 접어들었으니 이제 와서 무얼 가지고 찾을 수 있을까. 두려움이 가슴에 밀려온다. 구름은 하늘에서 잠자고 추억은 구름 따라 흐르고 친구야 네 모습은 어딜 갔나. 사랑하는 친구야. 주위를 샅샅이 찾으며 노랫말을 속으로 되씹으며 이길 저길, 이집저집, 기웃거렸다.

그 친구의 집 자리에는 새로 지은 이층집이 들어섰다. 혹시나 남동생이 지금도 그 자리를 지키고 살지나 않을까 해서 초인종을 눌러보았다. 다른 사람이 살고 있다. 그 친구 집의 내막을 전혀 모르는 사람이었다. 실망하고 돌아서는데 나이가 들어 보이는 여자가 올라오고 있다. 그때의 일을 더듬어 소상히 물어보았다. 그런대로 약간의 소식을 들을 수 있었다.

그 가족들은 어머니 아버지가 돌아가시면서, 형제들은 시집장가를 가 이곳을 모두 떠났고, 그 후론 자기네도 소식을 전혀 알 수가 없다고 했다. 이제는 도저히 알 수 없는 상황이 되니 아쉬움만 가슴을 저민다.

초등학교 4학년 때였다. 점심시간이 되면 그 집에 가끔 친구를 따라갔다. 학교 옆, 가까운 거리에 살고 있기 때문에 그 친구는 꼭 집에 가서 점심을 먹었다. 내가 도시락을 안 가져간 날은 친구를 따라 그 집에 가서 점심을 몇 번 먹은 기억이 있다.

그때마다 친구 집에는 아무도 없었다. 대문을 활짝 열어 놓고 사는 때라 그 집 대문도 열려 있었다. 어느 누구도 집을 보는 사람이 없는 빈집인데도 도둑맞는 일은 없었다. 그 시절에는 물질은 개벽되지 않은 때였지만 오히려 정신만은 지금보다 개벽이 되어 있었다. 모든 법도가 살아 있는 때라 도둑도 흔하지 않았다.

곰바지런한 친구는 곧바로 부엌으로 들어가 밥상을 차려 마루에 놓았다. 둘이서 배가 몹시 고픈 참에 맛있게 먹었던 일이 그간 살아오는 동안에 잊을 수 없는 추억으로 가슴을 뜨겁게 할 때가 많았다.

그 친구를 따라 그 집에 갈 때마다 집이 항상 비어 있어 한 번은 어린 마음에도 궁금증이 나서 친구에게 물어보았다. 친구는 엄마 아빠가 남문시장에서 가게를 한다고 했다. 덧붙여 언니 오빠는 상급학교에 다닌다고 했다. 착하고 인정이 많은 친구였다. 평생토록 잊을 수가 없다.

내가 다른 도시로 시집을 간 탓으로 돌리기엔 너무 아쉬움이 크다. 이제야 찾아보는 자신의 후회가 막심할 따름이다. 어떻게 잊을 수 있을까? 안타깝고 가슴 아프다. 친구를 따라 산비탈을 올라올 적마다 어린 시절에 내 나름대로 조금 힘이 들었던 그리움도 남아 있다.

초가지붕에 흙벽으로 된 집이었지만 겨울에는 아늑하면서도 따뜻했다. 선풍기가 없는 시대였지만 여름에는 서늘하면서도 습기조차 느낄 수 없었다. 오막살이 집인데도 행복하고 즐거운 곳이었다. 그곳이 그리운 나머지 찾아가보았는데 친구의 소식을 전혀 알 수 없으니 하나의 희망을 잃은 듯한 기분에 사로잡혔다. 돌아서는 순간 눈시울이 뜨거워졌다. 긴 여정을 보낸 아쉬움에 가슴 한구석이 텅 빈다. 산천초목도 동네도 집들도 다 다른 모습으로 있는데 아직까지도 마음은 먼 옛날에 머물러 있다. 작연필봉作緣必逢이라 했듯이 인연이 있으면 언젠가는 꼭 한 번쯤은 만나지 않을까 하고 생각했었는데, 그리움에 동네 몇 바퀴를 돌며 허공 속에 그리움을 묻었다.

설렘

설렘이라는 말만 들어도 가슴이 뜨겁다. 우리 일상생활에서 느끼는 설렘 속에는 행복이 숨을 쉬고 있다. 살아 있는 행복은 우리 유년 시절에 잠 못 이루고 손꼽아 기다리는 양일 명절이었다. 희망의 꿈을 꾸게 하고 순수한 마음으로 펼쳐보는 기다림에는 항상 설렘이 있었다.

옛날에는 설날이나 추석이 가까이 오면 집안 식구들은 설렘 속에 준비를 했다. 그 시절에 우리들은 일 년에 한두 번 부모님한테 새옷을 얻어 입었다. 40년대 내 유년 시절의 삶의 모습을 말하는 것이다.

설이나 추석이 임박하면 어머니께서는 큰언니를 데리고 밤낮 없이 재봉틀을 돌려가며 많은 식구들의 새옷을 짓기 바빴다. 곤히 잠을 자다가도 재봉틀 소리에 잠을 설칠 때마다 설렘은 여전히 가슴에 머물렀다. 양일 명절 때에만 비단치마에 색동저고리를 입을 수 있었으니 왜 설레지 않겠는가?

설날에는 이집저집 세배하러 다니면서 은근히 옷 자랑에 시간 가는 줄도 몰랐다. 남다르게 감수성이 예민했던 성장기에 설렘을 무척 심하게 느낀 것 같다.

순수한 마음속에는 언제나 설렘의 행복을 느끼며 살았다. 새로운 친구를 사귈 때도 그랬다. 산으로 들로 마냥 뛰어다니며 정서를 함양했고 고추잠자리를 잡고 꽃 속에 앉아 있는 나비를 잡을 때도 설레어서 마냥 떨려 잡지 못할 때가 많았다.

고등학교 때였다. 아침 등굣길에서 처음으로 이상형의 남학생을 보았다. 가슴은 어찌나 쿵쾅쿵쾅 뛰는지 설렘으로 얼굴이 화끈거리며 붉어졌다. 그때의 기억을 되살릴 때마다 입가에 미소가 번진다. 역시 설렘은 삶의 활력소가 된다.

존경하는 스승님과 대화를 나누고 있을 때에도 설렘은 여전히 가슴에 머물렀다.

고등학교 졸업 때였다. 후배로부터 아주 좋은 책 선물을 받았다. 버트란트 러셀이 지은 ≪365일을 어떻게 살 것인가?≫. 책의 타이틀이 너무 마음에 들었다. 졸업식이 끝나자 설렘 속에 후배가 선물로 준 책을 펴보았다. 럿셀의 사상이 그대로 나타났다.

'인간은 365일을 살면서 화살처럼 마음이 휘어지더라도 꺾이지는 말아라.'는 문장이었다. 마음에 와 닿는 명언이어서 머릿속에 각인시켜 놓았다.

여자 나이 불혹이면 우울증이 오기 쉬운 나이다. 불혹의 강을 건너며 아주 유용하게 써먹었던 명언이다. 지금에 와서도 가끔씩 인용한다.

인간이 가장 순수하고 때 묻지 않은 시절은 사춘기 시기가 아닌가 싶어진다. 감수성이 무디어지는 나이가 되면서 설렘은 차차 주는 것 같다. 삶의 무게를 짊어지고 많은 것들을 생각하고 실천하며 살아가야 하기 때문이다. 그러나 이 나이에도 설렘은 가끔씩 찾아온다.

해외여행을 떠날 때, 경이로운 경치를 볼 때, 지난 세월에 아름다웠던 추억을 그려볼 때 때때로 설렌다.

정운형 구름이 파란하늘에 침묵을 지키며 유유히 박속처럼 솟아오를 때도 설렌다. 대자연의 신비 속에도 설렘은 가득 차 있다. 사람의 정서에 따라 느끼는 감정은 조금씩 다르지만…….

우리 인간에게는 설렘의 감정이 없다면 메마른 생활에 우울증의 삶까지도 겪으며 살아야 할 것이기 때문에 고마운 정서가 아닌가 싶다. 설렘을 위해서는 나이 탓으로만 돌릴 것이 아니라 모든 사심을 내려놓아야 한다. 순수한 정서생활엔 젊음을 되살리는 설렘이 있다.

유년 시절 설렘 속에서 양일 명절을 기다렸던 심정으로 남은 여정을 멋지게 살아가려고 한다.

인격과 인품

인격과 인품은 인간에게만 존재한다. 존재하는 인격과 인품은 타인으로부터 주어지는 것이 아니고 자신 스스로가 만드는 것이다. 내실이 형성된 인격은 그 사람의 인품을 동반한다. 인격은 그 사람의 말에서 나오며 인품은 그 사람의 행동에서 나온다. 예로부터 사람은 머리를 하늘에 두르고 살고 나무는 땅에 뿌리를 내리고 산다고 했다. 생계는 우리 생활에서 빼놓을 수 없는 가장 중요한 의식주이다. 인격과 인품도 인간에게 없어서는 안 되는 큰 자산이다. 사념과 사색 또한 당연히 하늘을 우러러 한 점 부끄러움이 없는 삶으로 살아가기 위한 필수이다. 인간은 이 지구상에 존재하면서부터 사회적 종교적 동물이라는 철학자의 말이 있다. 우리 인간은 국가에 존속되어 살아가며 종교를 선택할 수 있는 특권이 부여되어 있다. 어느 단체에서도 활동할 수 있고 작은 모임에까지도 소속될 수가 있다.

'나는 생각한다. 고로 나는 존재한다.'

독일의 철학자인 데카르트의 말처럼 인간에게는 생각할 수 있는 명석한 두뇌가 있다. 사리분별과 반성하고 후회하며 깨달을 줄 아는 이성을 가진 동물이기도 하다. 깨달음이 없는 짐승의 두뇌에는 본능적인 것과 서열의 세계만이 각인되어 있을 뿐이라고 한다. 또한 동물의 세계서 볼 수 없는 것이 바로 신앙으로서 이루어지는 종교관이다. 인간에게 가장 치욕적이고 굴욕적인 말은 바로 짐승만도 못한 사람이라는 말이다. 인격과 인품을 가진 자에게도 남을 고용하려고 하는 특성이 있는가 하면 또한 남에게 고용을 당하지 않으려고 하는 기질도 보유하고 있다. 만남은 삶의 시작이며 생활의 시작은 대화로써 이루어지고 있다. 모든 교류에 필요한 말에는 덕과 품격이 담겨 있어야 한다. 남에게 상처를 주는 말을 하고 있을 때보다 상대편에게 덕을 쌓는 말을 하고 있을 때 그 사람은 다른 날보다 훨씬 더 아름답게 보이는 것이다.

지식을 쌓기 위해 학문 공부를 하는 사람들의 모임이 있다. 모임이 있는 날에는 그 대열에 합류하여 대화를 나누는 가운데 느끼는 것이 많다. 지성인이라고 자처하는 이들 가운데 제대로 말을 할 줄 모르는 사람을 볼 수 있다. 공식 석상인데도 사리분별을 못하고 상대편에게 반말을 서슴없이 하는 경우 아주 불쾌하다. 몇몇 사람은 자기의 인격은 소중히 하면서 상대편의 인격은 아주

무시하는 경향이 있다. 왜? 지성인이라고 자처하면서 무조건 경외심이 없는 대화를 하는지 인간의 존엄성을 상실하고 있지 않나 싶어진다. 우리 인간은 평등한 존재라는 것을 재인식했으면 하는 생각이 든다. 자기 잘난 맛으로 살아가는 데도 법도가 있는 법이다. 자기주장만을 고집하면서 분위기를 흐려놓는 우매한 사람은 어디에도 꼭 한 사람씩은 끼어 있는 것 같다.

사소한 모임에서 유난스럽게 구는 사람도 있다. 연륜의 세월 속에서 많은 생각을 하고 많은 것을 보아왔는데도 여전히 철없는 행동을 하는 것을 볼 때마다 민망스러워 낯이 뜨거워질 정도다. 저런 행동을 해서는 안 되겠구나 하는 생각이 든다. 양심이 있는 인간인데도 세 사람만 모이면 남의 말과 흉으로 화제를 몰고 간다. 우리나라 속담에 남의 흉이 하나면 자기 흉은 열 개라는 말이 있다. 참 좋은 명언이다. 항상 생각하며 가슴에 새겨 놓고 남의 좋지 않은 말은 될 수 있으면 안 하려고 노력하며 살아가고 있다. 사람들과 모여서 대화를 하다 보면 말끝에 말이 나온다. 이런 경우에 상대편에 동조할 때가 있다. 어느 순간 서로 어울려 몇 마디 거들다 보면 어느새 자기 자신도 모르게 꽉 채워졌던 항아리가 텅 빈 것처럼 마음 한구석이 휑해지면서 후회를 하게 된다. 남의 말은 좋은 말만 하려고 인격을 다스리며 살아왔는데 순간을 참지 못하고 두어 마디 거들며 입을 맞춘 것이 정말 너무 후회스러울 때가 있다. 가끔 그 일이 머리에 스칠 때마다 복과 화를 부른다는 입을 자신도 모르게 손바닥으로 사정없이 때리기도 한다. 앞으로 사는 날까지 입조심하며 살아가야겠다. 인격과 인품을 갖춘 사람은 남의 좋지 않은 말보다 항상 남에게 희망과 용기를 주는 말을 많이 한다.

어느 날 TV를 보면서 감동을 받은 적이 있다. 한때 잘 나가던 남자 탤런트가 꽤 공백 기간이 길었다고 한다. 집에서 쉬다 보니 우울증까지 오던 참인데 운이 좋게도 좋은 프로에 출연하게 되었다. 오랜만에 다른 탤런트들과 만났을 때 어색하고 자신감도 없었다. 그런데 여자 중견 탤런트가 만나자마자 악수를 청하면서 오래간만에 만나 반갑다고 인사를 하면서 같이 일하게 되어 영광이라고 했다. 남자 탤런트는 여자 탤런트의 따뜻하고 용기를 주는 말 한 마디에 잃었던 용기와 자신감을 되찾았다고 한다. TV를 통해 그 말을 들은 시청자들은 순간이나마 큰 감동을 받았을 것이다. TV에서 본 여자 탤런트와 같은 인격과 인품을 갖춘 사람이 되어야겠다는 생각으로 마음이 가득했다. 아름다운 추억과 아름다운 말은 우리 일상생활에서 가장 중요한 활력소가 된다. 연꽃이나 미나리는 더러운 물속에서 자라면서도 군자와 같은 꽃을 피워 향긋한 내음을 풍긴다. 휴머니즘의 사상을 지닌 사람이 풍기는 사람 냄새는 인격과 인품을 갖춘 겸손하고 자비로움이 아닐까 생각한다.

그 아이와 장날

우리의 삶에서 길게 맥을 이어온 장날은 시골에서만 찾아볼 수 있다. 시장은 인간이 살아가는 데 긴요한 물건들이 있으며 생계의 현장이기도 하다.

지금은 사시장철 어느 때나 장을 볼 수 있지만 옛날에는 장날이 되어야만 장을 볼 수가 있었다. 우리들 삶의 방식이 제각각 다르듯이 그 지역에 따라 장이 서는 날도 각각 달랐다. 따라서 시골 장날은 언제나 분주하면서도 따뜻했다.

이른 새벽부터 마을 굴뚝에는 연기가 자욱했고, 사람들은 십 리 이십 리를 왕복하면서도 온갖 물건들을 몸으로 날랐다. 빠른 걸음을 더욱더 재촉하여 장터로 향해 가는 사람들은 생의 애착으로 가득한 얼굴빛이었다.

나는 지금도 장에 대한 잊을 수 없는 기억을 지니고 있다.

여름방학에 시골에서 사는 고모가 오셨다가 집에서 놀고 있는 나를 데리고 고모네 집으로 갔다. 지리산 산자락으로 둘러싸여 있는 고모가 살고 있는 두메산골에서는 산청 장이 섰었는데, 이튿날이 바로 장날이었다.

고모는 잠에서 덜 깬 나를 데리고 조롱길을 따라 한없이 걸었다. 송홧가루에서 풍기는 솔향기를 음미하며 다정한 이야기를 하면서 장터에 도착했다. 산청 장은 주로 산나물이 가득했다. 향기로운 산나물 내음에 유혹되어 다리 아픈 줄도 모르고 따라다녔다.

장터에서 고모는 이웃에 사는 아주머니를 만났다. 사내아이의 손을 잡고 있었다. 그 아주머니는 읍내에 있는 한약방에 다녀오겠다며 아이를 고모에게 맡기고 갔다.

"너희들 여기에 꼼짝 말고 서 있거라. 사람들이 너무 많아서 같이 다닐 수가 없으니까 내가 장을 봐 가지고 올 때까지 꼭 여기에 서 있어야 한대이."

아주머니가 떠난 뒤에 고모는 무슨 생각을 했는지 우리를 번갈아 보며 말했다. 고모는 떡을 사서 손에다 하나씩 쥐어 주었다.

처음 보는 사내아이라서 어색했지만 나는 밝은 표정으로 고개를 끄덕이고, 웃음을 보였다. 그때, 우리들이 서 있는 바로 옆에 튀밥을 튀는 아저씨가 큰 소리로 귀를 막으라고 고함을 질렀다. 그 소리에 놀란 나는 엉겁결에 아이의 손을 잡고 몇 미터를 뛰어갔다. 그 순간부터 우리는 서로 친숙한 사이가 되었다.

그 아이의 인상은 퍽 밝았고, 가끔씩 웃어 보이는 눈빛은 명경알처럼 맑았다. 아이는 호주머니 속을 뒤적이더니 구슬과 딱지를 꺼내어 내게 내밀었다.

"구슬치기할까, 딱지치기할까?"

한 번도 그런 것들을 해본 적이 없는 나는 고개를 흔들었다.

튀밥 튀는 옆에 꼭 서 있으라는 고모의 신신당부의 말이 생각나 우리는 다시 그 장소로 갔다. 한참을 기다리고 있으니 고모가 왔다. 집으로 돌아오는 도중에 나는 고모의 소개로 아이의 학년과 이름을 알게 되었다.

마을 어귀에 다다랐을 때 아이가 급히 논두렁으로 뛰어갔다. 모시 잎보다 더 파란 청개구리 새끼 한 마리를 잡아왔다. 잡아온 청개구리를 내 손바닥 위에 올려놓으려 해서 나는 그만 화들짝 놀라며 소리를 질렀다. 그 아이는 생각지 못했다는 듯이 얼굴이 홍당무가 되었다. 고모는 웃으시며 내 손을 잡고 나를 달랬다. 이곳에 살고 있는 아이들은 장난감 대신에 이런 것들을 가지고 논다고 말해주었다.

집에 도착하자 아이는 미안한 마음에서인지 놀러 가도 괜찮으냐고 물었다. 나는 빙그레 웃으며 고모의 얼굴을 바라보았다. 고모가 고개를 끄덕였다.

그 이후로 아이와 나는 눈만 뜨면 자연으로 돌아갔다. 산으로 들로 뛰어다니며 하얀 찔레꽃을 꺾어 먹었고, 네잎클로버를 뜯어서 머리에 흩뿌리며 놀았다. 도랑으로 나가는 날에는 물고기와 다슬기, 심지어 물벌레까지도 잡았다. 여름날의 긴긴 해가 가는 줄도 모를 만큼 재미가 있었다.

내가 전주 집으로 돌아올 때, 그 아이의 표정 속에는 못내 아쉬움에 젖은 눈빛을 보았다. 나도 너무나 서운했다. 가슴에 서운함을 묻은 채 가벼운 미소로 헤어졌다.

고등학교 일학년 때, 김동인의 ≪수정 비둘기≫라는 책을 읽었다. 그 작품 속의 주인공은 폐병을 몹시 앓고 있는 소년이었다. 소년은 매일 한 번씩 같은 길목을 걸었다. 어느 날, 소녀가 황혼 속에서 노을이 지는 대문간에 나와 앉아 있었다. 소년은 그날도 무심히 길을 지나다가 앉아 있는 소녀의 눈동자와 마주쳤다. 소녀의 눈빛 속에서 황홀함을 보자 가슴이 설레는 것을 느꼈다. 소년은 자기가 가장 좋아하고 아끼던 수정 비둘기를 소녀에게 주고 갔다. 책을 읽는 동안 고모네 동네에 살던 그 아이의 눈빛이 떠오르며 뜨겁게 내 마음에 파고들었다.

나는 가끔 슬픔에 잠길 때 가만히 눈을 감고 그 아이의 사심 없었던 눈빛을 떠올려 본다. 그러면 이내 마음이 편해지면서 안정을 찾곤 했다.

지금도 군산에서 조금 가면 대야라는 곳이 있다. 그곳에는 아직도 장날이 있다. 전주에 가다가 버스 속에서 간혹 대야에 장이 서는 날을 보게 되는 경우가 있다. 그럴 때면 문득 그 아이가 생각난다. 그 아이는 지금쯤 노년을 어떠한 눈빛으로 살아가고 있을까.

조개는 달님을 사모하며 진주를 만들고, 사람은 나이를 먹어가면서 추억을 먹고 산다는 말이 있다. 마음의 창을 열어주는 그 아이의 눈빛은 장날이 가져다 준 나의 소중한 추억이다.

겨울 산사를 찾아

몹시 추운 겨울인데도 산사는 그런대로 운치가 있어 좋았다. 올겨울은 유난히도 많은 비바람과 눈을 동반했다. 바쁜 일상 속에서도 짬을 내어 산 정기를 받고 싶다는 큰아들은 우리 내외를 모시고 싶다고 했다.

말이 끝나기도 전에 그이와 나는 무력해진 이 겨울의 일상을 탈피하고 싶은 마음에 앞장을 섰다. 세 식구가 승용차를 타고 얼마쯤 갔을까. 아들은 어느 주유소 앞에서 멈췄다. 나이가 들면서 여행을 할 때마다 화장실에 대한 염려가 크다. 기름을 넣고 있는 동안 화장실을 사용해야겠다는 생각이 들었다. 물어서 급히 뛰어갔다. 문을 열고 들어서니 화장실이 깨끗하게 정돈되어 있어 고객으로서 기분이 퍽 좋았다. 변기에 앉으려는 순간 A4용지 반 장

정도에 컴퓨터로 깨끗이 쳐서 정교하게 화장실 문에 붙어 있는 글이 눈에 띄었다. 무슨 내용인가 자세히 읽어 내려갔다.

1. 보기 싫으면 피하라.
2. 대화가 통하지 않으면 침묵을 지켜라.
3. 어쩔 수 없으면 즐겨라.

다 읽고 나니 온몸으로 퍼져오는 전율이 찡하면서 가슴에 와 닿았다. 본 적도 없는 주유소 사장의 인품과 인격이 묻어 있다. 인격과 인품은 남이 만들어주는 것이 아니고 자신이 만든다는 것을 또 한 번 반추해본다. 역시 우리네 삶에서는 도저히 빼놓을 수 없는 지혜와 현명한 생활 철학이 아닌가 싶다. 인간은 나면서부터 사회적 종교적 동물이라고 했던 독일의 철학자인 아리스토텔레스의 말이 떠올랐다. 사람과 사람 사이에서 매일 부딪치고 만나며 대화로써 교류하는 동물이기에 상극의 인연과 상생의 인연은 어느 곳에서도 있는 법이다. 이러한 명언은 우리 일상생활에 아주 유익하다는 생각이 들어 가슴 한구석에 옮겨 놓았다. 기름을 다 채운 것 같아 차에 올라탔다. 차 안에서도 내내 그 글귀를 머리에 그리며 산사를 찾았다. 예로부터 명소라는 산사의 절 마당에 들어섰다. 한참을 들어가 대웅전 앞에서 발을 멈추었다. 불상들이 모셔져 있는 이 법당에는 많은 이들이 찾아와 각자 자기들의 소원을 빌며 백팔 배를 하고 있었다. 옆문으로라는 팻말이 큰

문 앞에 놓여 있어 조용히 들어갔다. 그이와 아들은 절 마당에서 구경을 하고 있겠다고 했다. 불상을 바라보는 순간 부처님의 용안이 엄숙하게 보이면서도 슬퍼보였다. 순간 눈물이 뺨으로 흘러내렸다. 긴 삶의 무게를 짊어지고 걸어온 뒤안길의 여정이 감정을 북받쳐 오르게 했다. 가족을 위해 부처님께 빌며 절을 했다. 우리 가족의 비전을 통해 자신을 돌아보게 하시고 보다 발전적이고 희망적인 삶이 되도록 지혜와 힘을 주시라고 빌고 또 빌었다. 마음을 다스려 소원을 빌고 나니 일체가 유심조라 했듯이 불상을 보는 순간 미소를 짓는 용안으로 변해 있었다. 마음이 한결 가벼워지며 올 한 해 가족들의 소원이 이루어질 것만 같은 기분이 들었다. 그이와 아들을 앞세우고 절문을 나오는데 묘한 감정이 맴돌았다.

오십 년대에 이곳으로 고등학교 수학여행을 온 적이 있었다. 사춘기에 낭만과 감수성이 예민할 때, 이 불상 앞에서 들뜬 마음과 희망에 벅찬 마음으로 미래의 인생에 대해 빌었다. 그리고 만약 시집갈 나이가 되어 결혼을 하게 되면 이곳으로 신혼여행을 꼭 오겠다고 다짐했다. 자연의 아름다움과 청산의 멋에 흠뻑 취했던 기억이 난다. 지금에 와서는 나라는 존재보다는 가족의 비전과 건강을 위해 빌며 많은 세월 앞에 회환이 감돌았다. 그이와 아들을 앞세우고 계곡을 따라 많은 수풀과 나무를 바라보며 걸었다. 초연히 서 있는 아름드리나무들이 아주 옛날 태곳적부터 오랜 풍상을 겪으며 살아온 것 같다. 무서우리만치 크나 큰 나무들이 지수화풍으로 인하여 고목이 된 흔적들을 여기저기에서 볼 수 있었다. 수많은 세월 속에 나름대로의 자태를 뽐내며 우람하게 서 있는 나무들도 있다. 사찰 주변에 서 있는 고색이 창연한 나무들은 역사의 수레바퀴 속에서 우주의 성주 괴공의 진리 속에 살아온 것 같다. 이러한 나무들은 사찰을 찾은 수많은 인파를 보았을 것이다. 또 이 사찰에서 많은 이들의 정신적 지주인 스님들의 생로병사도 보았을 것이다. 이런 생각 저런 생각을 하며 걷고 또 걷는데, 벌써 겨울 산사는 평지보다 석양이 한 시간가량 빨랐다. 산의 정기를 받고 나니 맑은 정신과 가벼운 몸으로 주차장까지 걸어가는데 피곤함도 몰랐다. 무심코 앞서 가는 장성한 아들과 희끗희끗한 검은 머리에 하얀 꽃이 군데군데 핀 그이를 본다. 엊그제 같던 세월에 그이를 만났을 적에는 장성한 아들과 같은 모습이었는데……. 오늘따라 덧없이 흘러간 세월을 다시금 내 마음의 호수에 비춰보게 된다.

총각 선생님

여고 시절 3학년 때였다. 아침 일찍 등교하여 교실에 들어가자 반 아이들은 오늘 새로 총각 선생님이 오셨다고 말했다. 소식에 빠른 친구는 내 곁에 오더니 그 선생님은 대학을 졸업하자마자 곧장 우리 학교로 부임했다는 것이다.

수업종이 울리자 교무실에 다녀온 주번은 우리들에게 빅뉴스라고 말했다. 총각 선생님은 작문을 담당하실 선생님이라고 했다. 내가 관심 있는 과목의 총각 선생님이라 은근히 기대됐다.

셋째 시간은 작문수업시간이다. 교실 문이 열렸다. 아이들은 총각 선생님을 보는 순간 일제히 '으-아' 하는 소리를 냈다. 선생님은 너무 젊고 체격이 준수한 멋쟁이였다. 묵묵한 인상에 약간 곱슬머리이며 우수를 가득 담은 듯한 눈빛이었다. 선생님은 교실에 들어와서 아무 말 없이 자기 이름을 칠판에 썼다가 지워버렸다. 다시 분필을 들어 한하운의 〈황톳길〉이라는 시를 써놓고 누가 일어서서 읽어보라고 했다. 아이들의 반응이 없자 어느 곳에 눈을 둘 바를 몰라하던 선생님은 우리들의 이름표를 죽 훑어보더니 내 이름표에 눈을 멈추었다.

읽는 거라면 자신이 있는 나였지만 지나치게 긴장한 나머지 '두 개의 발가락'을 나도 모르게 '두꺼비 발가락'이라고 읽었다. 조용하던 교실 안이 일제히 폭소로 변해 버렸다.

총각 선생님은 우리 학교 바로 옆에 살고 계셨다. 청소 시간이 되면 어떤 학생은 매일 총각 선생님 서재를 깨끗이 정리하고 새로운 꽃을 꽃병에 꽂는다는 것이다. 또 어떤 학생은 수학여행을 가서 다른 선물은 하나도 사지 않고 오로지 총각 선생님 선물만 샀다고 했다. 어느 학생은 하루라도 총각 선생님을 안 보면 병이 날 것 같다고 했다. 총각 선생님에 대한 소문은 별별 소리가 다 나돌았다. 나도 은근히 총각 선생님을 좋아했다. 쉬는 시간이면 나는 책을 보았다. 책을 보다 말고 책상에 턱을 괸 채 운동장 쪽을 바라보면 허리를 펴고 떡 벌어진 어깨를 치켜세우며 사색을 하는 듯한 모습으로 걸어가는 총각 선생님을 가끔 볼 수가 있었다.

어느 날이었다. 총각 선생님은 주번을 시켜 나를 교무실로 오라고 하셨다. 그 소리를 듣는 순간, 내 가슴은 뛰기 시작했다. 나는 교무실 앞에 당도하자 가슴이 너무 뛰어 총각 선생님 앞에 나설 수가 없었다. 나는 뛰는 가슴을 안고 교실로 되돌아갔다.

늦가을로 접어들었다. 우리 학교는 이때부터 교지를 만들기 위해 편집위원과 교정위원이 편성되었다. 나는 통행증을 받으러 교무실에 갔다. 주금동 선생님께서는 나를 보자 늦게까지 총각 선생님과 있으면 안 된다고 말씀하셨다. 나는 여럿이 모여 편집을 하고 있다고 말씀드렸다.

졸업 후에 생긴 일이다. 나중에 안 일이지만 총각 선생님을 무척이나 좋아하는 친구가 있었다. 그때 처음으로 조화로 만든 꽃이 나왔다. 조화로 만든 백합꽃 한 송이를 그 친구는 총각 선생님 방 창문에 던져 넣고 왔다는 것이다. 나는 졸업 후 처음으로 학교에 볼 일이 있어 갔는데 총각 선생님과 우연히 만나게 되었다.

선생님은 무슨 말을 할 듯하다 입을 다물었다. 몇 발자국 걸어가다가 혹시 선생님 방에 꽃 한 송이를 던져 놓고 간 일이 있느냐고 물었다. 나는 간 일이 없다고 대답했다. 총각 선생님은 왠지 서운한 빛을 내비쳤다.

나는 돌아오면서 그 친구를 머리에 떠올렸다. 친구의 집은 실개천을 따라 산 그림자를 밟으며 가야 하는 반촌마을이다. 친구를 만나 슬쩍 떠보았다. 친구는 총각 선생님을 테스트해 본 거라고 했다. 역시 자기가 상상한 대로라고 말했다. 그 말을 듣는 순간 나는 어이가 없었다. 그 친구가 참 깜찍하다는 생각이 들었다.

그 후에도 총각 선생님은 졸업원고는 나한테 청탁해왔다. 같은 동네에 사는 후배를 보냈다. 나는 거절했지만 후배는 총각 선생님의 명령이라면서 우리 집에 또 왔다.

어느 날 나는 원고를 갖고 학교로 찾아갔다. 교장실 옆 사무실에 옥잠화 편집실이라고 써 붙어 있는 걸 보니 지난날의 감회가 새로웠다. 나는 총각 선생님을 보는 순간 가슴이 또 뛰기 시작했다. 선생님과 대화를 나누고 운동장으로 걸어나오는데 국어를 담당하셨던 선생님을 만났다. 선생님께서 나를 보자 무척 반가워했다. 나도 반가웠다. 선생님께서 여러 가지를 물어보더니 생각지도 않은 결혼 말을 슬그머니 꺼내면서 은근히 총각 선생님에 대한 말을 하는 것이다.

스승과 제자 사이에 있는 존경과 경외일 뿐 내 평생을 같이할 동반자는 아닌 것 같다는 생각이 들어 거절했다. 나는 아마 그때가 사춘기였지 않나 싶어진다. 내 평생을 통해 그때처럼 순수한 감정을 가져 본 적은 없는 것 같다.

그러던 세월이 흘러갔다. 나는 총각 선생님보다 결혼을 먼저 했다. 그때는 스승과 제자 사이가 가족 분위기였고 우호적이었다. 우리들은 학교에 청첩장을 냈다.

비 오는 어느 날 총각 선생님은 술에 취한 채 비를 흠뻑 맞으며 우리 친정집 문 앞 몇 미터에 우두커니 서 있었다는 것이다. 같은 동네에 살고 있는 후배가 동창회 때 만나서 총각 선생님에 대한 이야기를 해주었다. 나는 의아했지만 세월은 흘러갔다. 동창회 때마다 들려오는 소리지만 총각 선생님에 대한 소식은 좋은 소식보다 좋지 않은 소식이 더 많이 들려왔다. 부인이 위암으로 사망했다는 둥 재혼을 했는데 실패를 했다는 둥 가슴 아픈 소식만 들려왔다.

세월이 흘러 육십 고개를 훨씬 넘어갔다. 총각 선생님은 술로 세월을 보내다 어느 날 생각지도 않은 실어증이라는 병을 얻었다는 것이다. 병으로 인해 퇴임한다는 소식을 들었다. 여고 시절에 교지를 만들었던 동문 몇 명과 후배 몇 사람을 전화로 불러내었다. 우리들은 퇴임하는 날 교정에 있는 성모마리아상 앞에서 만나기로 했다. 그날 스승님께 많은 꽃다발과 선물을 했다. 스승님께서는 깜짝 놀라며 기뻐하셨다. 퇴임식이 끝나고 전주에서 제일 잘하는 음식점으로 향했다. 병으로 시달리고 부인 없는 생활에 고달파 보이는 스승님은 그 옛날 처음 학교에 부임해 오셨을 때 젊고 멋있고 묵묵하고 우수에 젖은 사색의 모습은 찾아볼 수가 없었다. 이렇게 된 스승님을 뵈며 그 자리에 모였던 제자들은 한참 숙연했다. 모두는 눈시울을 붉혔다.

병에 삶의 나이를 빼앗겨 가는 스승님의 모습을 보고 우리는 힘을 내어 한 마디씩 했다. 스승님을 무척 존경했고 좋아했었다고. 짝사랑 했었고, 선생님을 뵈면 언제나 가슴이 뛴 우리들이었다고…….

지금 이 시간에 제자들의 사심 없는 소리를 듣고 있는 스승님은 무엇을 생각하셨을까? 스승님을 집에까지 잘 모셔다 드리고 남은 일행들은 커피숍으로 들어가 총각 선생님의 전설 같은 이야기로 꽃을 피웠다.

운동화

오십 년 전 우리나라는 모든 것이 부족하고 가난했다. 그때는 대부분의 학교가 교실이 부족했는데 내가 다니는 초등학교도 예외는 아니었다. 교실이 모자라 우리는 오전 오후반으로 나뉘어 배워야만 했다.

토요일에는 전교생이 오전에 등교했다. 그런 날에는 교실이 없는 반 아이들은 으레 운동장 한구석에서 신주머니를 깔고 앉아 그림을 그리거나, 자연공부를 하기 위해 학교 앞산으로 올라갔다. 우리는 교실에서 공부할 때보다도 그림이나 자연공부를 할 때가 더 좋았다. 선생님과 많은 대화도 할 수 있고 꾀꼬리 같은 아름다운 노랫소리도 들을 수 있어 여간 신이 나는 게 아니었다. 그림 그릴 때 쓰던 크레파스는 한 반에 스무 명 정도만 가지고 다녔는데 크레파스를 가지고 오지 않은 아이들과 사심 없는 마음으로 나누어 썼다. 가난했지만 그때 아이들의 마음은 언제나 바르고 풍성했다.

오학년 때 이창희라는 여선생님이 담임을 하셨다. 그분은 살결이 희고 마음씨도 퍽 고왔으며 항상 정이 넘치는 얼굴과 인자한 음성으로 우리를 대하였다. 또한 아버님이 안 계신 선생님은 가장 노릇을 했다.

공부를 가르치던 선생님은 나를 복도로 불러내어 교무실에 가서 시간을 보고 오라고 했다. 열 시반쯤 되면 선생님은 구겨진 내 옷깃을 잘 펴주면서 몇 번이고 접은 하얀 봉투를 손에 꼬옥 쥐어준 후 선생님 댁에 다녀오라고 하셨다. 나는 일 년이 넘도록 이 킬로미터가량 되는 그곳에 한 달에 한 번씩 봉투 심부름을 다녔다.

그 시절에는 울타리나 담이 없는 집이 많았고 대문도 열어놓고 살았다. 열려 있는 대문 안으로 복이 많이 들어온다고 해서 집집마다 아침 일찍 눈만 뜨면 대문부터 열어놓았다. 심부름을 가는 선생님댁 대문도 활짝 열려 있었는데 선생님의 어머니께서는 마루에 앉아 나를 기다리고 계셨다. 보는 순간 반가운 얼굴을 하시곤 했다. 겸연쩍어하며 손에 쥔 봉투를 내밀었다. 그때마다 선생님의 어머니께서는 머리를 쓰다듬어 주시곤 했다.

어느 날 선생님께서 운동화 다섯 켤레를 가슴에 안고 오셨다. 교실에 들어선 선생님은 아이들이 한 번쯤은 꼭 신어보고 싶어하는 운동화를 교탁 위에 올려놓으셨다. 일 년에 두 번씩 있는 일이기에 아이들의 맑은 눈들은 일제히 운동화 쪽으로 쏠렸다. 선생님은 선망의 대상인 운동화를 나누어주기 위한 방법을 모색하고 계셨다. 종이로 접은 것들이 아이들에게 뽑히기 위해 교탁 위에 널려 있었다. 조용히 앉아 선생님의 입만 바라보고 있는 아이들을 향해 선생님께서 말씀하셨다.

"학생 수는 육십 명이 넘는데 우리 반에 배당된 운동화는 다섯 켤레뿐이다. 그러니까 지난번에 가져간 아이들은 제외하고 일 분단부터 순서대로 나와서 뽑도록 해라."

그 당시 우리가 신는 신발은 검정고무신이었다. 해방이 되고 한 반에 몇 명 정도만 운동화를 신고 다녔을 뿐이다. 그런 상황이니 운동화만 신어도 전교생이 부러워하던 시절이었다. 하긴 고무신이 다 닳아 발바닥이 땅에 닿아도 그냥 신고 다닐 때였으니 더 말해 무엇하랴.

나도 다른 학생들처럼 운동화가 간절히 신고 싶었다. 소풍날 보물 하나도 찾아본 일이 없는 나는 마음속으로는 불가능하다고 생각했다. 체념하고 마음 편하게 뽑기로 마음먹었다. 예상했던 대로 친구들만 뽑히고 내 이름은 불리지 않았다. 서운했지만 별 수 없었다.

수업의 마지막 종이 울리고 화장실에 가기 위해 교실을 나서는데 선생님께서 교무실로 오라고 말씀하셨다. 심부름을 시키시려나 보다 생각하고 교무실에 갔더니 선생님께서 그동안 심부름하느라고 수고가 너무나 많았다면서 운동화를 내미는 것이었다. 또한 번도 사고 없이 월급을 집에까지 잘 전해주어서 착하다고 옆자리의 선생님께 칭찬까지 해주셨다.

"운동화 많이 신고 싶었지? 아까 얼굴 표정에 그렇게 쓰여 있던데……."

빙그레 웃으며 말씀하시는 선생님이 나는 무척 고마웠다. 모르는 척하더니 언제 내 얼굴의 표정까지 읽으셨는가 싶었다. 쑥스러움에 어찌할 바를 모르면서도 너무 좋아서 나는 선생님의 허리를 감싸안았다. 선생님의 몸에서 풍겨 나오는 화장품 냄새가 내 마음속 깊숙이 스며들었다.

신발을 가슴에 안고 교무실을 나오는데 다른 선생님께서 내게 말씀하셨다.

"그 신발이 어떤 신발인 줄이나 알고 신어라. 그 신발은 교사용이야. 선생님께서 일부러 영자 발에 맞는 사이즈로 골라 놓으셨다가 주는 거라고."

그 말을 듣는 순간 너무나 고마워서 눈물이 나왔다.

운동화를 처음 신어 본 나는 발이 얼마나 푹신하고 편한지 날아갈 것만 같았다. 나는 운동화를 신을 때마다 선생님의 사랑스런 눈빛을 떠올리곤 했다.

이창희 선생님은 내가 고등학교 일학년 때 타계하셨다는 소식을 들었다. 나는 그 소식을 듣고 충격이 너무나 커 한동안 병원신세를 져야 했다.

지금도 운동화만 보면 선생님 생각이 난다. 폐가 좋지 않아 결혼도 못 해보고 돌아가신 스승님의 얼굴이 떠오르면 눈물이 낙엽처럼 팽그르르 흘러내리곤 한다.

선생님의 도시락

먼 옛날이 사무치게 그리워질 때가 있다. 편승된 세월 속에 많은 것들이 너무 모자라서 생활고에 시달리며 살아온 우리들은 생명을 모진 목숨이라고 생각하며 살던 때가 있다.

이 시기에 이르러 물질이 지나치리만큼 풍부한 것을 보며 모든 것이 부족했던 시절에도 살았던 나는 행복하다는 생각이 들 때가 많다.

우리가 초등학교에 다니던 시절에는 지식을 탐구하는 학문에 가까이 다가가는 환경보다는 삶을 잇기 위한 생명줄인 끼니에 더욱 더 주력했다. 그런 상황에서 한 반에 점심 도시락을 가지고 올 수 있는 아이들은 몇 되지 않았다. 쌀은 턱없이 부족했고 더 귀한 것은 돈이다 보니 도시락을 살 돈이 없어 엄두조차 낼 수가 없었다.

생활수준이 낮을수록 자식들을 많이 낳는 것인지 먹고살기 고달팠지만 형제 많은 가정이 태반이었다. 인본사상만은 그 시절이 최고였다.

한 집에 여섯 명 내지 다섯 명이나 되는 학생들이 있었으니 세 명 내지 두 명 정도의 도시락은 준비했지만 그렇지 못한 집들이 많았다. 형제가 많고 너무 어려운 집들이다 보니 도시락 구경은 오빠나 언니들이 졸업한 다음에나 가능했다.

우리 집도 예외는 아니었다. 내 위로 다섯이나 되는 언니들이 학교에 다녔고 아래로는 남동생 둘이 다녔다. 이런 위치에 있는 나는 막내딸이라고 제일 큰언니가 졸업을 하고 난 뒤에야 그 도시락을 물려 쓸 수가 있었다.

학교에서 도시락을 꼭 지참하라는 날이 있었다. 도시락을 가지고 가는 날에는 내 도시락은 사기로 된 주발에 밥을 담고 그 속에 종지 하나를 꼭 묻어 반찬을 넣었다. 보자기에 잘 싸서 일하는 언니나 어머니께서 학교에 찾아와 점심 시간에 건네주고 갔다. 아무리 배가 고파 허기가 져도 밥사발에 도시락을 싸가지고 오는 아이는 없었다. 그런 날에는 배가 몹시 고파도 괴란쩍은 생각에 입맛이 싹 달아날 지경이었다.

어머니께서 언니들 도시락 다섯을 쭉 쌓아놓은 걸 보고 나는 다섯째 언니 도시락을 얼른 집어 책가방 속에 몰래 숨겨 놓았다. 들킬까 봐 아침도 먹지 못하고 막 뛰어 나가려고 하는데 언제 눈치를 챘는지 언니가 내 이름을 부르며 뒤를 쫓아왔다.

나는 짊어진 책가방을 언니 손에 잡힌 채로 많은 애원을 해보았지만 결국 도시락을 빼앗기고 말았다. 아침에 있던 모든 일을 잘 알고 계시는 어머니는 막내딸이 굶고 학교에 간 일이 매우 걱정이 되셨던 모양이다. 교실 문을 막 열고 나가려고 하는데 어머니께서는 밥사발 보자기를 들고 내가 나오기만을 기다리고 계셨다.

나를 보는 순간 반가웠는지 "우리 막내가 아침도 굶고 학교에 왔으니 얼마나 배가 고팠을까." 하며 점심 시간에 꼭 먹어야 한다고 다독거리며 밥사발을 싼 보자기를 내미셨다. 심통이 날 대로 나 있는 나는 부끄럽고 창피한 생각에 아이들이 보기 전에 빨리 집으로 가지고 가라고 어머니한테 꾀까다롭게 굴었다.

때마침 교무실에 가시던 선생님이 이 광경을 보고 우리가 있는 곳까지 오셨다.

어머니를 향하여 정중히 인사를 한 선생님은 무슨 일이 있는지 연유를 알고 싶어했다.

모든 이야기를 듣고 난 선생님은 빙그레 웃으며 나를 바라보았다. 우리 어머니께서 가져온 밥사발 도시락은 선생님이 먹겠다고 나더러는 선생님 도시락을 먹으라고 하셨다.

선생님이 주신 도시락 뚜껑에는 예쁜 꽃 그림이 새겨져 있어 내 눈을 황홀하게 만들었다. 배가 많이 고플 테니 빨리 먹으라고 권하는 선생님의 소리를 듣고 염치없는 마음으로 도시락 뚜껑을 열었다.

여는 순간 하얀 쌀밥에 정교하게 놓인 맛있게 생긴 달걀말이며 소고기 자장이 어린 마음을 유혹했다.

밥이며 반찬이 너무 고소하면서도 맛이 있어 씹기도 전에 살살 녹아 넘어갔다.

그 시절에는 스승님의 그림자도 밟지 않는다 했는데 선생님의 맛있는 도시락까지 먹어보았으니 내 평생을 두고 잊을 수 없는 화젯거리가 되었다.

초등학교 4학년 때의 편린 같은 추억은 내 가슴에 지금까지도 살아 맴돌고 있다. 이따금씩 가슴속을 찡하니 전율케 하는 것은 내가 철이 들어가면서 선생님의 도시락과 내 밥사발 도시락을 아무 거리낌없는 마음으로 바꾸어 먹었던 일이다.

그 시절에 우리 반 아이들은 얼마나 나를 부러워했을까 하는 생각이 날 때마다 미안한 마음을 간직하고 있다. 선생님의 도시락을 맛있게 먹고 있는 나를 물끄러미 바라보고 있던 아이들의 눈망울은 지금도 지울 수 없는 아픔으로 가슴 한쪽을 차지하고 있다.

선생님께서 앞으로 도시락을 가지고 오는 날에는 네가 가지고온 밥사발 도시락과 선생님 도시락하고 꼭 바꾸어 먹자고 약속을 하셨다. 그 말을 듣는 순간 죄송하고 수줍음으로 몸 둘 바를 몰랐다.

그 뒤로는 언니 도시락을 절대 탐내지 않기로 마음먹었고 학교에서 도시락을 가져오라고 하는 날에는 어머니께서 싸주시는 밥사발 도시락을 잘 가지고 가서 먹으리라고 마음을 굳게 먹었다.

그 아름다웠던 여선생님께서 손수 보여주셨던 산교육은 지금에 와서까지도 내가 살아가는 데 삶의 정신적인 큰 지주가 되었다.

현재는 그 옛날에 비하면 너무도 풍부한 생활 속에 살고 있다. 소식小食을 해야 오래 산다는 말을 들을 때마다 가끔은 어이없다는 생각이 든다. 생활이 윤택하면 한 만큼 항상 감사한 마음으로 살아가고 있는지 점검해 보기도 한다.

사람들이 가장 풍부할 때 지나온 자신의 어려운 때를 되돌아보며 살아간다면 좀더 나은 사회를 이룩하는 지름길이 되어 국가를 튼튼한 반석 위에 올려놓을 수 있으리라는 생각이 든다.

나의 성장 과정에서 존경하는 스승님의 도시락까지 먹어본 행운으로 지금까지 복된 삶 속에 살고 있다는 생각에 젖어들곤 한다.

꿈

물고기들이 춤을 추며 놀고 있는 맑은 연못 속에 내 신발 한 짝이 빠져 있다. 신발을 꺼내려고 갖은 애를 썼지만 번번이 실패하고 말았다. 친구가 어디서 긴 막대기 하나를 주워와 물속에 넣고 건져내려고 했다. 꼬리치며 놀고 있던 물고기들이 막대기로 갑자기 한꺼번에 몰려와 건드리며 훼방을 놓았다. 친구는 화가 났는지 바지를 무릎 위까지 걷어올리며 물속으로 뛰어 들어갔다. 물속으로 점점 가라앉는 친구가 잘 보이지 않았다. 나는 당황하여 소리를 쳐봤지만 아무 소용이 없었다. 얼마쯤 지나서 죽은 줄 알았던 친구가 물속에서 벌떡 일어나 내 신발 한 짝을 들고 나왔다. 신발을 신어 보니 발에 꼭 맞았다. 속이 다 후련하고 기분이 상쾌했다. 깨고 나니 꿈이었다. 이상한 꿈도 다 꾸었다는 생각이 들었다. 곰곰이 해몽을 해보니 틀림없는 길몽이었다.

그날 생각지도 못했던 친구로부터 사십 년 만에 전화가 걸려왔다. 너무 뜻밖의 일이라 목소리만 듣고 처음엔 누구인지 감을 잡을 수가 없었다. “혹시 선례 아니냐?”는 내 물음에 “그래 맞아. 영자야, 나 선례야.” 하는 것이다. 선례는 유일하게 우리 집에 가장 많이 들락거린 친구다. 그간 무엇을 하다가 나이가 들어서야 이제 전화하는 거냐고 묻자 “살다 보니 세월이 그렇게 흘러버렸더라.”고 하면서 선례는 그간 내 소식은 잘 듣고 있었다고 대답했다. “넌 내 소식을 모르고 있었지?” 하는 선례의 말에 시간을 내어서 한 번 꼭 만나자고 거듭거듭 말하였다. 웃음을 터트리는 지난 이야기를 나누고 나서 전화를 끊었다.

사촌오빠가 고등학교 시절을 우리 집에서 보내고 있을 때였다. 어느 해 겨울방학, 사물을 분간할 수 없을 만큼 함박눈이 하염없이 내리던 날이었다. 가슴은 낭만에 젖어 설레고, 마음도 한없이 들떠 있었다. 선례와 서로 이야기를 나누며 무작정 걷다 보니 우리도 모르는 사이에 사촌오빠가 기거하는 곳의 시골길에 접어들었다. 법대에 가겠다는 오빠는 산속에 자리한 문중 재실에서 혼자 공부하고 있었다. 춤을 추듯 내리는 눈을 흠뻑 맞으며 오빠가 있는 그곳까지 찾아간 것이다. 삼십 리가 훨씬 넘는 길이었다.

산골짜기는 평지보다 어둠이 먼저 찾아왔다. 선례와 나는 고삐 풀린 망아지처럼 산마루까지 뛰어가며 동심의 세계로 돌아가 눈싸움을 벌였다. 오랜만의 자유가 얼마나 경쾌하고 즐거운지 산이 무너져라 큰소리로 웃어대며 기쁨을 만끽했다. 웃음소리에 놀란 하얀 토끼 한 마리가 우리 앞을 지나다 기겁하며 도망쳤다.

어둠이 사방으로 깔리기 시작했다. 산의 적막함은 너무나 엄숙해서 우리들의 마음을 금세 경건하게 만들었다. 사춘기의 소녀다운 감정을 그려내며 박목월 시인의 '산천에 눈이 쌓인 어느 날 밤에 촛불을 밝혀주며 가을은 오리라'를 소프라노로 멋지게 합창했다. 때마침 산꿩이 길손을 맞으려는 듯이 나래를 펴고, 그때 나무에 쌓여 있던 눈들이 사르르 사르르 속삭이듯 흩어지고 있었다. 조롱길을 따라 한참을 걷자 먼발치에 재실이 보이기 시작했다. 하늘 아래 굴뚝에서는 설운 속에 꽃잎처럼 초연히 연기가 모락모락 솟아오르고 있었다. 온 천지가 하얀 눈으로 정연하게 쌓인 산속에 하나뿐인 재실의 굴뚝에서 피어오르는 연기가 토마스 하디의 ≪테스≫에서 나오는 영화의 한 장면 같았다. 나는 반가움에 '오빠!' 하고 불렀다. 산울림도 시샘하듯 오빠하고 되돌아왔다. 폭우처럼 눈이 내리는 이 산골에 누가 오나 내심 놀란 오빠가 우리를 보자 반갑게 맞아주었다. 선례는 오빠를 보는 순간 당황하게 만들어서 미안하다고 인사하며 연방 흘러나오는 미소를 감출 줄 몰랐다.

손수 저녁을 지어주겠다는 오빠의 성의를 뿌리친 채 선례와 나는 부엌으로 들어갔다. 부엌 모퉁이에 묶여 있는 삭정이 한 다발을 풀어 검은 솥이 걸려 있는 아궁이에 불을 지피며 언 몸을 녹이니 하품이 나고 졸렸다. 오빠는 우리가 밥을 지을 때 아랫마을에 가서 몇 가지의 반찬을 얻어서 휘파람을 불며 왔다. 희미한 호롱불 밑에서 김이 모락모락 피어오르는 밥에 가닥김치를 걸쳐 입에 넣으니 꿀맛이었다. 올 때는 낭만에 젖어 흥분 속에서 왔지만 다시 산등성이를 넘어 이 밤중에 버스 타는 곳까지 걸어야 한다고 생각하니 걱정이 앞섰다. 선례의 눈치를 보니 마냥 즐겁고 좋아서 시간 가는 줄도 모르고 사리분별을 잊고 있었다. 선례가 저쪽 방에서 자고 갔으면 하는 낌새를 보이자 오빠는 어서 갈 채비를 하라는 듯 나한테 눈짓을 보냈다. 반다지 위에 놓여 있는 이불을 보니 깔고 덮을 것이 하나밖에 없다.

온통 하얗게 변해버린 밤 하늘에는 희끄무레한 달이 우리를 구경하듯이 살짝 나왔다가 아이의 미소처럼 수줍은 듯이 다시 짙은 구름 속으로 사라졌다. 어찌나 길이 미끄러운지 셋이서 한 번씩 돌아가며 넘어질 때마다 선례는 오빠의 손을 스스럼없이 잡았다. 손전등 불빛에 보여진 오빠의 얼굴은 잘 익은 홍시처럼 빨개져 있었다. 버스는 한두 시간을 기다려야 탈 수가 있었다.

그때의 교통 사정을 생각만 해도 아찔하다. 눈이 어찌나 많이 쌓였던지 푹 빠진 운동화는 젖을 대로 젖어 양말 속까지 축축했다. 동상에 걸려 많은 고생을 했다. 지금 생각하니 그때 일은 소녀 시절에 있었던 낭만적인 추억의 편린으로 가슴을 뭉클하게 한다. 선례와 만나는 날엔 그 전에 잃어버렸던 세월만큼이나 아쉽고 깊은 사연들을 소중하게 가슴에 꽉 메우고 싶다. 오빠는 법대에 가지 못하고 사대에 가서 교수가 되었는데 건강이 좋지 않아 그만 몇 해 전에 돌아가셨다. 선례는 나를 만나면 틀림없이 오빠의 소식부터 물어볼 텐데…….

어젯밤 친구 덕분으로 속시원한 꿈을 꾸었는데 오래 잊고 살았던 친구로부터 전화가 왔으니 길몽이 아닌가.

우리들의 벽공

≪우리들의 벽공≫을 읽고, 먼 옛날이 떠올라 가슴 벅차오름을 간신히 누르고, 몇 자 적어 볼까 한다.

동인들이 모여 있는 곳을 처음 방문했을 때 일이다. 후배인 문양을 따라 용머리고개를 살짝 넘어 그곳에 찾아 들었다.

그때도 올여름처럼 어찌나 더위가 기승을 부렸던지 아스팔트가 녹아내려 내 하얀 하이힐에 묻어 여기저기 바둑무늬를 남겼던 기억이 난다. 우리들의 벽공은 그 시절에 너무도 야망이 컸고 꿈도 많아 문학을 하는 이들에게 큰 자극을 주었던 기억을 지금도 잊을 수가 없다. 고등학교를 갓 졸업하고 성인의 문턱을 간신히 넘은 동인도 있었다. 시원하면서도 고소한 미숫가루를 마셨던 기억은 지금도 잊을 수가 없다.

동인들이 모여 있는 그곳에 찾아갔을 때 동인들이 반가이 맞아 주었다. 집주인이었던 동인은 신입회원을 맞을 준비에 그 무더위 속에서도 숨이 막히도록 뛰어가 얼음 한 덩어리를 사왔다. 새끼줄로 꽁꽁 묶어가지고 하마 녹아내릴까 봐, 노심초사한 모습이 역력했다. 그 뜨거운 햇볕에 얼굴이 홍당무가 되면서도 신입회원 환영을 위해 골목길을 달려 갔다 온 그 순수한 모습이 지금까지도 선연하다. 작은 뚝배기에 미숫가루와 얼음을 깨서 넣은 일곱 명의 그릇이 방안으로 가득 들어오는 모습은 어찌나 정감이 넘치는 장면이었는지 평생에 잊을 수 없는 추억으로 가슴 한구석에 살아 있다.

그 시절엔 남녀칠세부동석이라는 말이 존재하고 있었다. 다가공원에 자리하고 있는 미니골프장은 문 양 집에서 경영했기에 우리 벽공동인들이 모이는 장소이기도 했다. 밤이면 부모님 몰래 빠져나와 문 양이 일하는 사무실에 모여 가지고 온 원고들을 동인들과 같이 읽고 교정을 보아 주기도 하고, 때로는 작품에 대한 질타를 사정없이 하여도 우리 벽공동인들의 돈독한 우정은 날로 더해만 갔다. 동인지를 낼 때마다 남자 동인들의 수고를 왜 우리 여자 동인들이 모르고 지냈겠는가? 손으로 일일이 써서 등사기에 밀어 나온 작품을 볼 때마다 마냥 즐겁고 뿌듯했던 마음은 언제까지나 잊을 수가 없다. 어언 수십 년의 세월은 흘러갔지만 지금도 그 시절이 못내 그리워 가끔은 가슴이 저려온다.

달밤이면 다가공원에 모여 달빛 속에 동인들은 나름대로의 감상에 젖어 긴긴 사연을 돌아가며 이야기했고 〈싱고아〉라는 영화에 폭 빠져 낭만을 즐겼던 그 모습들이 차마 잊을 수 없다. 한참 감수성이 예민했던 때이고 보니 문학에 매료된 동인들의 순수성을 달빛 속에서 읽을 수가 있던 기억이 지금도 눈앞에 어른거린다. 석양 노을 속에 피어나는 분꽃처럼 희한의 세월에 이르러서도 벽공동인들을 이토록 잊을 수 없는 마음을 사념 속에 묻어본다. 우리들의 벽공 글 가운데 '동인들에 대한 애정과 그리움은 이미 오래전에 내 핏속에 스며들었고 오래오래 심장 깊은 곳에 간직될 것이다.'라는 글귀를 읽고 코끝이 찡하며 눈가에는 벌써 황혼의 이슬이 맺혀 낙엽처럼 팽그르르 떨어졌다.

지식을 탐구하는 학문을 하는 문학인으로서 우리 벽공 동인들의 영혼 속에 평생을 살아온 동안 사고와 사색에서의 순수성이 큰 자본이 아니었나 싶다. 가을바람이 체온을 스칠 때마다 그 무엇인가에 아쉬움이 가슴을 가득 메우는 것 같다.

우리들의 벽공 동인들은 머지않아 아름다운 좌석을 마련해야 할 것 같다. 만날 때까지…….

2부

내 인생관을 돌려놓은 그 사람

내 인생관을 돌려놓은 그 사람 | 매화의 향기 | 동창회
도토리묵 | 버선 | 불파마 | 빨래터
소생당 한약방 | 쑥

내 인생관을 돌려놓은 그 사람

꿈은 자기의 이상을 추구하는 동시에 삶의 희망을 안겨 주는 큰 주춧돌이다. 이상의 특권은 누구에게나 주어진 자격으로서 꿈을 현실화시키려는 마음가짐에 많은 노력의 대가로 얻어내는 것이다. 사고력 속에서 우리의 꿈은 나무의 열매처럼 무르익어 가지만 태양의 사랑을 받으며 잘 여물어 가던 열매도 개중에 벌레가 먹으면 썩어 떨어지는 것처럼 자칫 게으름에 취하게 되면 꿈은 멀어질 수밖에 없다.

1955년 어느 늦가을 장래의 희망에 많은 꿈을 꾸며 사색이 깊어만 갔던 내 여고 시절의 인생관은 그 사람으로 인해 완전히 다른 길을 선택했다. 이름도 성도 어느 곳에 살고 있는지도 알 수 없는 그 사람은 지금쯤 어디에서 어떤 인물이 되어 황혼의 삶을 살고 있을까?

국립도서관에서 우연히 만난 그 사람에게 아련히 남아 있는 기억은 오직 모 대학생이라는 것뿐이다. 한가로운 시간이 주어질 때마다 나는 창 너머로 어렴풋이 옛 생각이 떠오르면 먼 하늘을 무심히 바라보는 습관이 있다. 적운형 구름 속에 아득한 그 날들이 형형색색으로 승화된 추억들을 마음으로 그린다.

내 유년 시절에는 유교 사상을 삶의 원천으로 하는 남녀칠세부동석이라는 교훈 속에 살았다. 그러나 나는 여자아이들보다 유난히 사내아이들한테 더 흥미를 갖고 곧잘 어울려 뛰어놀았다. 딸만 여섯을 둔 우리 부모님의 속마음 깊은 곳에 남아 있는, 입버릇처럼 내가 사내아이로만 태어났으면 하는 아쉬움의 소리를 수없이 듣고 자랐다.

어느 일요일 오후였다. 오랜만에 영화 구경을 가기로 약속한 대여섯 명의 친구들이 경기전에 모였다. 경기전 돌담을 끼고 얼마쯤 걷다 보면 봉래원이라는 음식점이 나온다. 음식점 바로 옆에 있는 일산 가옥으로 보이는 이층집은 아주 오래된 낡은 목조 건물이다. 활짝 열려 있는 한쪽 문기둥에 자그마한 간판이 보였다. 국립도서관이라는 간판이다. 산재한 이야기 속에 정신없이 걷고 있는 친구들에게 처음 보는 도서관의 간판을 보라했다. 호기심이 일었다. 아무 관심조차 보이지 않는 친구들을 다시 설득했다. 도서관을 이용하는 절차만 알아보고 바로 나오자는 약속을 하고 간신히 데리고 들어갔다. 의자에 앉아 꾸벅꾸벅 졸고 있는 나이가 들어 보이는 남자가 현관문 사이로 보였다. 우리들의 작은 이야기에도 신경을 곤두세우고 남자는 의자에서 벌떡 일어났다. 많은 책을 어떻게 볼 수 있느냐고 묻자 대답 대신에 흰 종이 한 장을 빠르게 내밀었다. 내용을 읽으면서 나도 모르게 절차를 써내려갔다. 학교, 이름, 학년, 주소를 쓰고 십 환을 내고 사용할 수 있는 거였다. 필사적으로 영화를 꼭 보겠다는 친구들은 나 혼자 남겨둔 채 문 밖으로 조용히 나갔다. 하는 수 없이 절차를 끝내고 현관 마루에 올라서니 벽에 붙어 있는 글들이 시야에 들어왔다. 조용히, 정숙하게, 발꿈치를 들고 이층으로 올라가라는 빨간 표지가 있었다. 복도를 약간 지나 계단의 층계를 디디고 올라가는데 몇 계단 오르지도 않아 삐거덕 삐거덕 하고 낡은 층계는 발이 가는 대로 큰소리를 요란하게 냈다. 발꿈치를 들고 조심 또 조심스레 숨소리까지 죽이며 올라갔다. 넓은 공간에는 책상들이 놓여 있고 책장에는 많은 서적들이 정교하게 꽂혀 있었다. 어떤 책을 몰입하여 그렇게들 보고 있는지 내가 삐거덕 소리를 요란스레 내며 올라왔는데도 누구 하나 시선을 주는 사람이 없었다. 나비가 꽃잎 위에 내려앉듯이 가만히 많은 서적이 있는 곳으로 갔다. 정신없이 그 많은 책들을 거의 빠뜨리지 않고 죽 훑어보았다. 마음속으로 염원해오던 책 앞에 내 눈이 멎었다. 황산덕 씨의 ≪법개론≫이었다. 빠르게 뽑아들고 그 옆에 꽂혀 있는 책을 유심히 보니 유진오 씨의 ≪법입문≫도 있었다. 여자 법관이 꼭 되고 싶은 사춘기 이상 높은 소녀 시절이었다.

가슴에 책을 안은 채 눈으로 적당한 장소를 물색했다. 책상 위에 책을 가만히 놓고 책을 페이지 페이지마다 훑어보았다. 매일매일 방과 후면 이곳에 와 황산덕 씨의 ≪법개론≫을 읽을 때마다 풍선처럼 마냥 부풀어 오르는 여자 법관의 꿈은 황홀하기만 했다. 그날따라 첫 겨울로 접어드는 싸늘한 비바람으로 창밖은 몹시도 어수선한 날씨였다. 여느 때와 마찬가지로 도서관에서 책을 보고 있는데 화장실에 볼일이 생겼다. 잠깐 볼일을 보고 나와 보니 낯모르는 남자 대학생으로 보이는 사람이 내 자리를 차지하고 있다. 내가 보는 책을 이리저리 뒤적이고 있다. 아무리 기다려도 다른 장소로 옮겨갈 기미가 보이지 않는다. 얼마쯤 뒤에 어찌할 수 없는 상황에서 내 자리로 왔다. 나를 보는 순간 그 사람은 어이가 없다는 듯한 뉘앙스를 풍겼다. "학생은 이 책에 관심이 꽤 많은 것 같은데 여자 법관이 꿈인가 봐요." 하고 말을 건넸다. 내가 침묵으로 일관하자, 계속 그 자리에 서 있는 나를 손으로 가리키며 앉으라고 했다. 학교, 학년을 묻고 나서 지금 한참 꿈 많고 이상이 하늘을 찌르는 여학생이 앞으로 여자 법관이 꿈인가 본데 참 좋은 일이지, 그런데 인생의 선배로서 아니면 오빠와 같은 입장에서 실례가 안 된다면 한마디 조언을 해도 좋을까? 하고 말을 꺼냈다. 너무도 쑥스럽고 어색한 마음에 대답 대신에 고개를 끄덕였다. 우리나라에서 여자 법관이 되겠다는 것은 아직은 좀 무리다 싶은 생각이 든다고 했다. 그 말을 듣는 순간 머리에 스쳐 지나가는 사건이 떠올랐다. 오십 년대 최초의 여자 법관의 사망설은 우리나라 매스컴이 들썩일 정도의 뉴스거리였다. 자기 생각으로는 학생이 여자이니 굳이 어려운 길을 선택하는 것보다 차라리 정서적이고 멋있는 문학을 선택하는 것이 장래에 큰 도움이 될 거라고 했다. 여자는 팔자가 드센 것보다 현모양처가 되는 것이 최고 복이라고 하면서, 지금이라도 접고 세계 명작 같은 좋은 문학서적을 많이 접해보라고 당부했다. 옳다는 생각이 들지만 왠지 쓸쓸한 마음은 말할 나위 없이 고민으로 빠져들게 하고 어딘가 뼛속 깊이에서 서운함이 가슴을 밀고 올라왔다. 여자가 법관의 관문을 열어본다는 것은 너무도 어려운 일이겠지만 열심히 한 우물을 파고 또 파면 결국은 샘물이 솟아오르듯이 결과가 있는 법이다. 나도 법대에 가고 열심히 노력한다면 꿈을 이룰 수 있다고 용기 있게 대답하고 싶었다. 내 인생관을 돌려놓은 가장 핵심적인 것은 여자 팔자가 아주 드세다는 말에 내 온 신경은 많은 자극을 받았다. 헤르만 헤세의 작품을 찾아 읽어 보라고 권했던 말이 생각나 헤세의 ≪전원≫, ≪데미안≫ 등 여러 권의 책을 읽기 시작했다. 꿈은 쉽사리 놓아 버렸지만 그 덕분에 좋은 책들을 많이 읽었던 기억이 난다. 어느 날 낙엽이 다 떨어진 앙상한 나무 사이로 사정없이 부는 바람은 몹시도 내 마음을 스산하게 했다. 한동안 도서관에 잘 나타나지 않던 그 사람은 뜻밖에 한 권의 책을 내가 앉은 책상에 말없이 놓아두고 바람처럼 사라졌다. 책표지를 보니 ≪사상계≫였다. 유달영 씨가 사장으로 되어 있는 월간 잡지였다. 책을 펴보니 쪽지 한 장이 들어 있었다. 월간지인

≪사상계≫를 꼭 보라고, 이 잡지를 계속 보다 보면 여학생이 설령 대학에 가지 않아도 여자 법관이 아니어도 그 훗날 여자로서 최고의 교양을 갖춘 매력 있는 여성이 될 거라고 쓰여 있었다. 묘한 마음은 으스스한 날씨에 더 한층 한기를 느끼게 했다. 그 뒤에 봄이 오고 여름이 가고 또 가을 겨울이 지나도 그 사람은 도서관에 영 오지 않았다.

어쭙잖은 글을 쓸 때마다 내 가슴에 항상 머물러 있는 그 사람의 말이 노년의 세월 속에 문득문득 되살아나 그리움으로 번진다. 지금에 와서 많은 여자 법관을 TV로 볼 때마다 이 세상에서 못다 이룬 꿈을 다음 세상에서는 꼭 이루고 싶은 마음이 간절해진다.

매화의 향기

겨울의 추위가 매우면 매울수록 첫봄에 피는 매화의 향기가 더 욱더 짙게 풍기듯이 창밖에는 하얀 눈이 바람에 휘날리고 있었다.

2교시가 막 끝날 무렵 교실 문이 사르르 열렸다. 칠판 글씨를 지우려던 선생님은 교실 문이 열리는 곳으로 고개를 돌렸다. 정중히 인사하며 한 남학생이 선생님 앞으로 다가갔다.

무슨 영문인지 모르는 우리 반 아이들은 모두 그 아이에게 시선을 돌렸다. 선생님은 그 아이를 교단에 세우고 소개를 했다. 이번에 우수한 성적으로 사범학교에 합격한 학생인데 우리 학교 전교생 중에 공부를 제일 잘하는 학생으로 선정되어 각 반으로 인사를 다니고 있다고 했다. 나는 초등학교 오학년이었고 그 아이는 일 년 선배인 육학년이었다.

학교에서 그 아이를 종종 만날 때마다 나는 부러움과 경외심으로 바라보게 되었다.

그날따라 유난히도 쾌청하고 맑은 하늘은 봄을 만끽하려는 많은 사람들에게 어딘가에 마냥 가고 싶은 충동이 일게 했다.

내 어머니께서도 그대로 집에 있자니 너무 답답하셨는지 나를 데리고 시장으로 물건을 구입하러 갔다. 누군가 반가운 목소리로 형님! 하고 부르는 소리에 뒤를 돌아보니 어떤 아주머니가 그 아이의 손을 잡고 있었다. 화들짝 놀란 가슴은 나도 모르게 설렜다. 내 어머니께서 반가워하는 낯빛을 보고 그 아이의 어머니와는 각별한 사이라는 것을 알 수 있었다. 처음 나를 보는 그 아이는 어색하고 따분하다는 표정으로 있었고 마음에 담아두었던 나는 약간의 미소를 띠고 있었다.

두 분께서는 많은 대화를 계속 나누고 나서야 우리들에게 관심을 보였다. 내 어머니는 먼저 그 아이의 어머니를 가리키며 앞으로 어느 곳에서 뵙게 되더라도 이모라고 부르라 하셨다. 이러한 일이 있는 뒤로부터 그 아이와 어머니는 우리 집에 자주 들락거렸고 나도 어머니의 심부름으로 몇 차례 그 집에 찾아갔다.

모든 자연의 순리는 시간에 따라 세월을 말하는 것처럼 그 아이와 우리 집은 애경사가 있을 때마다 왕래하는 횟수가 많아지고 친근감이 더욱 돈독해지면서 오빠 동생 사이로 호칭이 바뀌어 갔다.

이미 세상에 존재하지 않는 아버지로 하여 오빠의 가정형편은 말이 아니었고 학교생활도 많은 어려움 속에서 한다고 했다.

석양 노을이 잘 드는 우리 집 툇마루에는 어느 날 많은 신문이 놓여 있었다. 몇 시간 만에 대문 안으로 들어선 오빠는 뜰을 쓸고 있는 나와 마주쳤다. 당혹스러워하는 오빠는 낯빛을 바꾸며 빠른 걸음으로 툇마루 쪽으로 돌아가 놓였던 신문을 그대로 들고 나와 우리 집 대문 밖으로 휭하니 나갔다. 나는 그 자리에 얼마 동안 서 있었다. 오빠네 가정형편을 전혀 모르는 바는 아니었지만 그 모습에 충격을 얻어 쉽사리 머리에서 떠나지 않았다.

숭고하고 고연한 여인으로 솜씨가 탁월했던 그 어머니는 고달픈 삶을 이어가는 데 삯바느질을 했다. 그 가정에 큰 버팀목이 되는 아이들 교육에 남은 생을 다했다고 했다.

공부를 열심히 잘하고 있는 만큼 신문배달을 하며 노력하는 오빠는 집이 점점 늘어나면서 신문부수가 많아지자 배달하는 시간도 꽤 길어졌다.

어느 날이었다. 오전에 맑았던 하늘이 갑자기 흐려지면서 빗물 방울이 한두 방울씩 떨어지기 시작했다.

온 정신이 툇마루에 가 있던 나는 총총걸음으로 그곳에 가보았다. 생각한 대로 다른 날에 비해서 빠른 시간에 놓여져 있는 신문엔 계속 빗방울이 그림을 그려가고 있었다. 젖어 있는 신문을 잘 마르도록 펴서 툇마루 쪽에 있는 옆방에 조심스럽게 들여놓았다. 놓여진 자리에서 신문이 없어진 것을 알고 오빠가 잠시라도 당황할까 봐 눈에 잘 띄도록 방문을 방긋이 열어 놓았다.

여름 장맛비는 신문배달을 하는 학생들을 여간 곤욕스럽게 했다. 한바탕 신문을 돌리고 우리 집에 남아 있는 신문을 가져가려고 온 오빠는 이미 흠뻑 젖어 있었다.

나를 보자 어찌할 바를 모르던 오빠는 헌 우산이라도 있으면 빌려달라고 했다.

거울 앞에서 나는 내 마음을 찬찬히 살펴보았다. 동정일까? 우정일까? 오빠에 대한 감정을 혼자서 몇 번이고 반추하며 물었다.

낙엽들은 벌써 바람에 하염없이 지고 있으며 사방으로 뒹굴며 흩날리는 마른 잎들은 툇마루에 놓여 있는 신문 위에도 이불을 덮고 있는 듯 놓여 있었다.

인생은 새옹지마라 하듯이 점점 나아지는 가정생활에 졸업반이 된 오빠는 언제부터 신문배달을 그만두었는지 우리 집 툇마루에는 신문이 보이지 않았다. 간밤에 꿈에서 보았던 오빠는 우리 집에 무슨 일이 있어 들렀는지 나를 보자 오랜만에 밝은 얼굴빛을 내비쳤다. 그간에 신문배달을 하면서 이모님 댁 신세를 많이 져 인사를 드리려고 왔다고 했다. 외출 중이라 집에 계시지 않은 내 어머니 대신 방문을 열고 나오는 남동생과 마주치자 서로 반가워 좋아하는 두 사람은 악수를 청하며 서재로 들어갔다.

저녁 석양이 창 너머로 살며시 바라보이자 볼일이 있어 가봐야겠다고 말을 하고 오빠는 자리에서 일어났다.

몇 발을 옮기던 오빠는 갑자기 뒤로 돌아서며 못내 아쉬움의 눈빛을 내보이며 약하게 손을 흔들었다.

오빠가 돌아간 뒤에 동생은 예쁘게 포장된 물건을 내밀며 그 형이 누나한테 주는 선물이라고 말했다. 기쁜 마음에 얼른 받아 든 나는 약간 떨리는 손을 억제하며 뜯어보았다.

프랑스 문호인 괴테가 쓴 ≪젊은 베르테르의 슬픔≫이라는 책이었다.

교편생활은 자기의 인생관에 맞지 않는다던 오빠는 그 어려움 속에서도 가까운 친척 하나 없는 서울에 올라가 모 대학에 다녔다.

시냇가에서 빨래를 열심히 하고 있던 어느 날 누가 돌을 던졌는지 명경 알 같은 맑은 냇물에 파문이 일었다. 벌써 방학을 하고 시골로 내려온 오빠가 내 동생을 만나 그곳을 지나다가 빨래하고 있는 나를 보고 신호를 보낸 것이었다.

항상 오색 무지개를 꿈꾸었던 오빠는 머지않아 대학을 졸업하고 미국으로 유학을 가 그곳에서 박사 학위를 받을 꿈을 가지고 있다고 동생은 슬그머니 말을 꺼냈다.

모든 것을 집념으로 승화시킨 오빠는 지금도 이성의 하늘 아래 살고 있으며 그곳에서 교수 생활까지 하고 있다고 했다. 나무는 그 열매를 보면 알 수 있고 사람은 행실을 보면 알 수 있듯이 모든 이들로부터 존경을 받고 있는 오빠는 인격과 인품을 갖춘 명사가 되어 현재에도 많은 노력을 아끼지 않으며 가족들과 함께 여생을 행복하게 살고 있다고 했다.

내 동생은 해외에 나갈 때마다 오빠의 집에 꼭 들렀다 오곤 했다. 숱한 세월이 지난 지금도 향수에 목 마른 듯 오빠는 나에 대한 안부를 자세히 물어 본다고 했다.

젊어서 고생은 미래의 보약이 되는 것처럼 오빠의 학창 시절의 생활철학은 평생을 잘 살아갈 수 있는 큰 주춧돌이었다. 만날 날은 아득하지만 꼭 한 번쯤은 보고 싶은 오빠였는데 언제나 사뭇 떠올리는 추억으로 돌리며 그리움으로 영원히 놓아두고 싶다.

사춘기에 있었던 그 오빠는 내 마음 한 자리에 매화 향기처럼 오래도록 머물러 있는 사람 중에 한 사람이 아닌가 싶다.

동창회

매년 10월 3일은 여고 총동창회 날이다.

졸업한 지 어언 수십 년의 세월이 지났지만 그날만은 빠진 일이 거의 없이 참석했다.

결혼해서도 그이한테 제일 먼저 동창회에 대한 문제를 거론했다. 어떠한 일이 있어도 나만이 소유할 수 있는 특권의 날로 못을 박았다. 그때마다, 그이와 가족들은 아낌없는 배려를 해 주었고, 나 또한 어김없이 행동으로 옮겼다.

정들었던 교문을 들어설 때마다, 아련히 떠오르는 지난날들이 너무 그리워 가슴이 벅차오르고 높고 푸른 하늘만큼이나 마음은 언제나 평화로웠다. 회한의 세월 속에 반가운 얼굴들을 보고자 모여든 자리는 낯익은 선후배들의 풍요로운 웃음과 해맑은 모습으로 가득했다. 보람되고 알찬 하루가 예정된 시간으로 내년을 기약하며 총동창회는 끝이 났다.

총동창회가 끝나자, 우리 동기생들은 한자리에 모여 남은 시간을 갖기로 했다. 패션계에서 성공한 친구 집으로 가, 석양에 걸친 시간이나마 유익하고 즐겁게 보내기로 했다.

열다섯 명이나 되는 친구들은 소파에 앉자마자 물고기가 물을 만난 듯이, 못다 피운 이야기꽃을 피우느라 집안이 들썩하고 웃음바다를 이루었다.

그 친구는 오디오에 CD를 넣었다. 어느새 웃음소리는 사라지고, 모두는 오디오에 귀를 기울였다. 흘러나오는 노랫소리는 우리를 전율케 하며 마음을 사로잡아 낭만으로 휘몰아 갔다.

"낙엽이 질 때면 그때가 생각나네. 가을비 맞으며 둘이 걷던 그 길이 생각이 나네— 우리가 처음 만나 사랑을 나누던 곳 쓸쓸한 길목에 조그만 찻집이 생각이 나네……."

모두 감탄사를 내지를 만큼 어느 이름 모를 남자 가수의 노랫소리는 환상적이었다.

가슴에 항상 머물러 있는 사람은 누구나 다 있는 일이지만, 나름대로 옛이야기에 쌓인 기억들을 편린처럼 떠올리고 있었다. 그간에 잃었던 계절을 되찾아 오기나 한 듯, 소녀 동락의 세계로 돌아가 데이트했던 사연들을 늘어놓기에 바빴다.

그 시절에 우리 반에서 미모가 가장 뛰어났던 수정이는 지난날에 있었던 사건을 생각만하면 잊을 수가 없다면서 그때 일을 다시

상기하는 듯했다.

어느 날 등굣길에 웬 남학생이 갑자기 나타나 곱게 접은 편지 한 장을 수정이의 책가방 속에 스스럼없이 집어넣고 말 한 마디 없이 달아났다. 당혹한 수정이는 화들짝 놀란 가슴을 쓸어 안으며 학교에 들어서자 화장실부터 찾았다. 화장실에서 나온 수정이는 책가방 속에 있는 편지가 심장을 콩알만 하게 만들었다. 지도부 선생님은 하필, 이날따라 전교생을 운동장에 모여 놓고 소지품 검사를 하고 있었다. 고심하여 소금 먹은 푸성귀처럼 축 처져 있는데 까다로운 선생님은 그 앞에 버티고 있었다. 수정이는 선생님의 손목을 정답게 잡았다. 아침에 있었던 일을 솔직하게 말을 했지만 곧이곧대로 들어줄 분은 아니었다.

그 뒤에도 남학생은 계속 미련을 버리지 못하고 아침저녁으로 줄곧 따라 다니며 식을 줄 모르는 풋사랑의 표현을 가슴에 와 닿을 정도로 해댔다.

지천으로 피어 있는 꽃구경을 핑계삼아 산으로 들로 야생마처럼 뛰어다녔다. 녹음이 우거질 때에는 더위를 피해서 주로 달밤에 만나기로 했다. 그때에는 마땅한 데이트 장소도 없었지만 둘이 다니는 줄 알면 온 동네에 소문이 파다할 뿐만 아니라 시집가는 데에도 큰 지장을 주었다.

가을을 여는 나뭇잎들이 채색되어 곱게 물들어 갈 무렵이었다. 사랑을 나누면서 가을비를 맞으며 걷고 있는데, 남학생은 윗저고리를 벗어 수정이의 어깨 위에 감싸주듯 걸쳐 주었다. 남자의 매력을 잃지 않으려고 애쓰던 그 얼굴이 지금도 가끔씩 떠오른다고 했다. 또 한 번은 눈이 산발적으로 내리는 날이었다. 낭만에 젖은 감정을 억제하지 못한 학생은 수정이 손을 잡고 소복이 내린 눈 위를 마구 뛰어다녔다고 했다.

이 사실을 알게 된 부모님은 수많은 고민 끝에 가만히 두어서는 안 될 일이라고 하며 일찍이 둘 사이를 기어코 단념을 시켜 놓았다.

결국은 이별이라는 마지막 시간의 만남을 둘이서 가졌다. 먼 훗날 머리에 하얀 꽃이 피는 나이가 되면 이렇듯 좋은 추억이 있었다는 것을 꼭 잊지 말라는 그 학생의 애절한 당부의 말이 있었다. 수정이는 못 잊어서 몇 날 밤을 베갯머리를 적시며 울었다고 했다.

나중에 안 일이지만 그는 S대를 나와 이역의 하늘 아래로 유학 겸 이민을 갔다고 했다. 자꾸만 야위어가는 세월 앞에 지난 사연들이 여울져 떠올려지면 마음은 언제나 소녀 시절로 되돌아가 생활의 활력소가 되었고, 간간이 무기력해지는 삶에 큰 묘약이 되었다고 했다. 때로는 소중한 남편을 볼 때마다 미안하고 죄스러운 마음에 더 잘해주려고, 노력하며 살고 있다고 덧붙여 말했다. 여태껏 잠자코 듣고만 있던 혜련이는 목소리를 한 옥타브 높이며 과거에 대한 철학 논을 말했다. 추억은 아름다울수록 과거로 끝을 내야한다고 했다. 못 견디도록 보고 싶어서 만나 보면 황홀했던 연륜의 추억들은 산산조각이 나 가슴에 구멍이 난 듯 찬바람만 스며든다고 했다. 그 말에 동조를 하고 나서는 소희는 열변을 토하듯, 소파에서 일어서며까지 말을 했다.

과거에 알았던 남자를 우연히 길에서 만났는데 내 눈에 티는 안 보이고 남의 눈에 티만 보인다고 그 남자를 보는 순간 생각했던 것보다 너무 많이 늙어 있었는데 환멸을 느꼈다고 했다. 그 사람도 학창 시절에는 학교에서 연대장을 했고, 한때는 씩씩하고 늠름한 기상은 많은 여학생들 간에 선망의 대상이었던 인물이었다. 알고 보니 부인과 몇 년 전에 사별하고 아직도 장가들지 아니한 아들과 살고 있다고 했다.

소희는 실망했던 남자의 이야기를 엮어가면서도 가슴이 아려오는지 만나게 된 것을 몹시 후회하는 눈치였다. 이렇게 소중한 자산을 잃어 본 기분을 경험하지 못한 사람은 이 심정을 도저히 이해하지 못할 거라고 힘없이 말했다. 사랑은 이별이라는 단어가 있기 때문에 묘미를 알 수 있는 것 같다. 그리움이 가득 쌓인 기억들을 마음속에 깊이 잘 숨겨두는 것이 영원한 재산이 된다. 안병욱님의 수필에서처럼, 나무는 태양을 먹고살고 사람은 사랑을 먹고산다고 했듯이 이제 황혼에 선 여인들이기에 과거의 추억은 아름다운 사랑으로 채색하여 하루하루 쇠잔해 가는 기억들과 함께 고이 간직한 채 살아가야 할 것 같다.

창 너머로 살며시 드리우는 어둠을 바라보며 우리 동기생들은 각자의 보금자리를 찾아 삶의 여정으로 돌아갈 준비를 했다.

도토리묵

육이오 때였다.

우리가 피난을 간 곳은 고모님 댁이었다. 그곳은 시향산이라는 깊은 산골이었다. 산이 병풍처럼 마을을 빵 둘러싼 곳이었다. 산 밑에 버섯처럼 보이는 초가집들은 대여섯 가호뿐이었다. 고모님은 청상과부이셨다. 딸 둘에 아들이 하나인데 자녀들 여의살이를 다 시켰다. 청상과부인 고모님은 새언니에게 모진 시집살이를 시키셨다. 그때 내 나이 열네 살이었고 남동생은 열한 살이었다.

나는 새언니가 낳은 조카를 보아주었고 내 동생은 논에 나가 새를 보았다. 나는 조카를 업고 새를 보고 있는 동생한테 자주 놀러갔다. 내 동생은 피난 올 적에 가지고 온 종이에다 크레파스로 아버지, 어머니 얼굴을 그려 놓았다. 얼마나 보고 싶으면 창공을 향해 내 동생은 아버지~ 어머니~를 불렀다. 그럴 때마다 그 소리에 놀란 참새들이 다 도망갔다.

원래가 깊은 산중이라 교통이 불편한 데다 전쟁 중이라 소달구지로 나르던 생필품이 끊기었다. 이 마을에는 필수품 중에서도 가장 중요한 성냥이 없었다. 불을 땔 때마다 굵은 나무토막을 서너 개씩 꼭 아궁이에 넣고 불을 때어 음식을 만들었다. 다 타고 남은 숯불은 언제나 화로에 묻어 불씨로 썼다.

어느 날이었다. 내 동생이 새를 보다 배가 고팠는지 감자를 화로 속에 넣어 구워먹으려 했다. 약한 불씨는 감자에 못 이겨 그만 꺼지고 말았다. 점심때 밥을 지으려던 새언니가 화로에서 불씨를 찾았다. 불은 꺼지고 감자만 나왔다. 새언니는 놀라고 당황했다. 그때 마루에서 물레질을 하시던 고모님은 그 소리를 듣는 순간 며느리인 새언니한테 호통을 치며 내 동생 편을 드시는 것이었다. 나는 어린 마음에도 새언니 보기가 어찌나 민망스러웠는지 모른다.

마을이 깊은 산중에 들어앉아서인지 밤에는 무서워서 화장실을 자주 못 갔다. 화장실에 가려면 소 외양간을 거쳐야 하는데 소도 내가 어린 줄 알고 소방울을 흔들면서 고개로 떠받으려 했다. 나는 질겁하여 소리쳤다. 간신히 화장실에 들어가 있으면 이 산 저산에서는 여우들의 우는 소리가 고요한 산중에 메아리쳐 들려왔다.

몇 달이 지나 늦가을로 접어들었다. 마당 모퉁이마다 감나무

한 그루씩이 서 있었는데 아침 일찍 일어나 보면 홍시가 여기저기 떨어져 있었다. 뒤안길로 돌아가면 장독대 뒤 울타리 사이에는 알밤이 많이 떨어져 있었다. 동생하고 나는 홍시와 밤으로 배를 채웠다.

어느 날이었다. 고모님께서 동생하고 나를 부르셨다. 옆산에 도토리가 많이 떨어져 있으니 동생하고 같이 가 주워오라 하셨다.

동생은 망태를 짊어지고 나는 그 뒤를 따랐다. 동생하고 나는 옆 산으로 올라갔다. 가다 보니 작은 웅덩이가 몇 군데 있었다. 물이 괴어 있는 웅덩이 속을 가만히 들여다보니 동생하고 내 얼굴이 보였고 하늘에 떠 있는 구름이 흘러가고 있었다. 또 하나의 세상이 웅덩이 속에 있는 걸 보고 깜짝 놀랐다. 웅덩이 속에는 올챙이, 아주 적은 물고기, 산 가재들이 정답게 살고 있었다. 동생하고 나는 시간가는 줄도 모르고 정신없이 가재를 잡으며 놀았다. 산속에는 파리똥, 다래, 머루 등 늦가을 열매로 풍요로웠다.

주렁주렁 매달려 있는 열매를 실컷 따먹었다.

도토리나무를 처음 보는지라 고모님이 시키는 대로 키가 작은 나무 밑을 보니 도토리가 땅에 수북이 떨어져 있었다. 동생하고 나는 삽시간에 망태를 가득 채웠다.

그때 다람쥐가 도토리를 물고 우리 곁을 지나갔다.

깊은 산속의 고요함에 갑자기 무서운 마음이 엄습해 왔다. 나는 온몸이 오싹해지는 기분이었다. 밤이면 울어대는 여우 생각이 났기 때문이다. 나는 동생에게 그만 줍고 가자고 했다. 대낮에도 마을은 평화스럽고 고요하기만 했다. 때마침 먼 발치에서 들려오는 낮닭의 울음소리마저 한가로움을 더해주었다.

고모는 동생하고 내가 주워온 도토리를 마당에 멍석을 깔고 널었다. 며칠 만에 주워온 도토리는 멍석 하나에 가득 채워졌다. 고모님은 말려서 맷돌에 갈아 도토리묵을 쑤어 주신다고 하셨다. 그런데 어느 날 뜻밖에 우리 아버지께서 오셨다.

아버지께서는 인민군이 후퇴했다고 하셨다. 동생하고 나는 아버지 따라 집에 갈 생각으로 그날 밤잠을 이루지 못했다.

그 이튿날 아침에 오빠가 소구루마로 우릴 데려다 주었다. 그때는 교통이 발달되지 않아서 소구루마 말구루마를 교통수단으로 썼다.

보름이 지났다. 학교에서 돌아와 보니 고모님이 도토리묵을 석짝에 가득 담아가지고 오셨다. 나는 너무나 반가웠다. 고모님도 우리를 품에 안으셨다. 고모님께서는 동생하고 내가 따온 도토리를 볼 적마다 우리가 눈에 밟혀 눈물이 났다고 하셨다. 도토리묵을 좋아하는 나는 도토리묵을 먹을 때마다 두메산골에서 생활했던 그때의 추억이 떠올려진다. 새언니의 순하고도 천진스러운 모습도 함께.

버선

오랜만에 버선 신을 일이 있어 장롱을 열고 찾아보았다. 이리저리 뒤져보았으나 얼른 눈에 띄지 않더니, 생각지도 않은 서랍장에서 버선이 나왔다. 그간 버선을 너무 멀리했던 것이다.

한복을 곱게 입은 후에 버선을 신으려는 순간 '버선을 신을 때는 버선의 선을 약간 눕혀 신어야 발이 곱다.'고 하시던 어머님 말씀이 생각났다. 나는 어머님의 말씀대로 선을 약간 눕혀서 신었다. 아닌 게 아니라 선이 아주 고왔다. 그간 양말만 신다가 버선을 신어서인지 그렇게 아름다울 수가 없다. 거울을 바라보니 한 마리의 학이 날개를 접고 날려고 하는 모습과 흡사했다. 그런 내 모습에 취해서 한참 동안이나 거울 앞에서 앞뒤로 옷맵시를 훑어보았다.

한복에 버선을 신은 그 모습은 누가 보아도 곱다고 하지 않을 수 없을 것 같다. 내 행동을 옆에서 지켜보던 그이가 신혼의 모습 그대로라며 한 마디 거들었다. 나는 그 말이 싫지가 않았지만 괜한 헛소리라며 능청을 떨었다.

내가 여학교에 다닐 때는 50년대였다. 그땐 다들 가난하게 살아서 대학에 진학하는 아이들이 그리 많지 않았다. 학교에서는 사회에 나가는 아이들을 위해 실생활에 적응할 재봉기술을 가르쳐주었지만 나는 적성에 맞지 않았다. 정확히 말하자면 질색이었다고 말하는 것이 좋을 것이다.

수예시간에 우리는 버선 만드는 실습을 하였다. 모두들 열심히 버선을 만들고, 서툰 솜씨지만 나도 그 일에 열중하고 있었다. 가사 선생님께서 교실 사이사이를 돌며 아이들을 직접 지도하였는데 서툰 아이들에게는 뒷볼과 앞볼 대는 법을 가르쳐 주기도 했다. 다른 아이들은 같은 시간에 해도, 빠르고 예쁘게 만들었다. 바늘땀도 곱고, 볼도 잘 대는데 나는 잘 되지 않아 만지작거리고만 있었다. 선생님께서는 내 곁에 오시더니 내가 만들던 버선을 잽싸게 빼앗아 가지고 교단으로 올라가셨다. 그런 후에 아이들을 주목시키더니 '버선볼을 이렇게 대면 안 된다.'고 말하는 것이다. '이 버선볼은 시집가서 시어머니한테 시집살이를 하기 알맞다.'면서 예쁘게 대는 법을 다시 가르쳐 주었다. 나는 그 후로 바느질에 더욱 더 자신감을 잃어버렸고, 재봉시간이면 언제나 겉돌았다.

어느 날 어머니께서 내 앞에 천을 내놓았다. 내놓은 천 위에다 버선본을 대고 그리라고 하시고, 재봉틀에 그대로 박으라고 하시기에 무작정 박았다. 뒤집을 곳도 없이 마구 다 박아버렸던 모양이다. 그걸 보신 어머니께서 한숨을 쉬시며 '여자가 바느질은 안 배우고 쓸데없는 책만 본다.'고 꾸중하셨다. 그 뒤로는 바느질과는 완전히 담을 쌓아버리고 말았다.

그 시절에만 해도 시집가려면 바느질을 잘해야만 했다. 옷을 자급자족하던 시대여서 버선 같은 것은 손수 만들어 신을 수 있어야 했다. 바느질을 못하는 나는 아예 시집 안 가겠다고 마음먹게 되었다. 내 속셈도 모르고, 내가 시집갈 나이가 되자 어머니께서는 안절부절못하였다. 어머니의 성화에 나는 할 수 없이 맞선을 보았다.

그이와 처음 만나던 날, 나는 솔직히 바느질을 할 줄 모른다고 말했다. 그이는 내가 겸손해서 그렇게 말하는 줄 알았는지 적당히 할 줄 알면 된다는 것이다. 나는 '실은 시어머님 버선을 기워드릴 수가 없어서 시집을 안 가는 게 아니라 갈 수 없다.'고 다시 말했다. 그때서야 내 말뜻을 알아들었던지 그이는 '괜찮다.'고 하며 '어머님께 잘 말씀 드려보겠다.'는 것이다. 천생연분인지 바느질 못한다는 말에도 불구하고, 선을 본 그이와 결혼하게 되었다. 살아오는 동안 그이는 바느질에 대한 이야기는 일체 하지 않았다. 또 시어머님께서도 내게 바느질은 안 시켰다. 막내딸인 나를 시집 보낸 우리 어머니께서는 항상 불안해하였다. 시어머님을 뵈올 적마다 '사돈 죄송합니다. 볼 면목이 없습니다.' 하시며 '서당

도련님을 데려간 사돈께서 얼마나 고생이 많으시냐.'면서 몸 둘 바를 몰라하셨다. 내가 행여 눈밖에 날까 봐 사돈댁에 노상 선물 공세를 하셨다. 사돈 앞에서 민망해하던 어머님의 얼굴이 새삼 떠오른다.

시계를 보니 어느 사이 열 시가 다 되었다. 오늘은 여성회관에서 노래발표회가 있는 날이다. 이 행사를 위해 우리 가요 팀은 한 달간이나 피나는 연습을 했다. 연습했던 실력을 발휘하기 위해 나는 오랜만에 고운 한복을 입고 버선을 찾아 신은 것이다.

새로 사온 고무신에 버선을 신고 집을 나서는 내 마음은 벌써 사십 년이 흘러간 세월 속에 사랑을 듬뿍 받으며 살아온 여인으로서 가슴 뿌듯한 마음이었다. 남편의 격려에 자신감을 얻어서인지 한 걸음씩 딛는 발걸음에도 힘이 솟았다.

불파마

여고를 졸업하고 일 년째 되는 해였다. 유월의 태양이 뜰에 가득히 내려쪼이는 어느 날, 모처럼 만에 옥분이가 우리 집에 찾아왔다. 여름을 재촉하는 모란 꽃망울처럼 옥분이의 눈빛은 그렇게 꽃망울이 들어 있었다.

옥분이와 나는 중학교 때부터 고등학교까지 우정을 돈독히 나눈 친구였다. 옥분이는 머리에 파마를 해야겠다며 내가 같이 가주었으면 좋겠다고 했다.

우리는 시내를 벗어나 변두리에 자리잡고 있는 미장원에 갔다. 도시의 중심가에도 많은 미장원이 있는데 하필 변두리까지 파마를 하러 가는 이유가 무엇인지 알 수 없었다. 눈치가 빠른 옥분이는 내 표정을 읽었는지 어색한 얼굴빛을 하며 내 귀에 대고 소곤거렸다.

“실은 이 미장원이 우리 언니의 시누이가 하는 집이야.”

나는 옥분이의 설명에 머리를 끄덕여 주고 등받이가 없는 의자에 앉았다. 옥분이는 기다란 거울 앞에 놓여 있는 의자에 앉아 머리 스타일을 어떻게 하면 더 예쁘게 보일 수 있을까 하는 생각으로 실눈을 뜨고 있다.

사람 소리가 나자 방문이 열리며 미용사가 나타났다. 미용사는 ‘사돈처녀 왔네.’ 하며 반가운 미소를 지어 보였다.

미용사는 빠른 손놀림으로 바구니 속에서 기구를 꺼내었다. 불을 붙여야 할 때 쓰는 목탄뭉치와 머리를 곱슬곱슬하게 만들 수 있는 빨래집게 모양의 기구도 챙겨놓았다.

우리나라는 50년대까지 불로 파마를 했다. 파마기구도 발달되지 않았고, 파마약도 없었다. 오로지 질화로에 목탄을 넣고, 불을 붙여서 하는 불파마뿐이어서 시간도 꽤 오래 걸렸다.

미용사는 불이 들어 있는 기구를 돌돌 말려 있는 친구의 머리에 일일이 꽂았다. 옥분이는 뜨거운지 얼굴을 찡그렸다. 미용사는 머리에 부채질을 하면서 불이 들어 있는 뚜껑을 다시 열었다. 다 타고 재만 남은 기구에다 또 목탄불을 넣기 위해서였다. 머리가 탈까 봐 조심조심 온갖 신경을 쓰고 긴장한 탓인지 미용사의 콧잔등에는 땀방울이 포도알처럼 송글송글 맺혔다.

파마를 끝내고 거울을 보고 있는 옥분이가 예전보다 훨씬 멋스러워 보였다. 그러자 나도 충동적으로 파마를 하고 싶은 생각이 들었다. 하지만 아버지의 얼굴이 순간적으로 스쳐 지나가고 언니들이 파마를 하고 크게 혼나던 기억이 떠올라 포기하고 말았다.

고등학교를 졸업한 언니는 도청에 취직이 되었다. 언니는 예쁘게 보이고 싶은 마음에 친구와 함께 파마를 했는데, 언니의 파마머리를 보신 아버님께서 불호령을 내리신 것이다. 언니의 친구까지도 덤으로 회초리를 맞았다. 종아리만 맞은 게 아니었다. 이웃이 창피해 견딜 수가 없다고 하시며 살림할 필요가 없으니 방구들을 캐내겠다고 괭이를 찾았다. 언니와 친구는 잘못했다고 밤새도록 용서를 빌었지만 아버지는 용납하지 않으시고 추운 겨울밤에 두 사람을 쫓아냈다. 언니와 친구는 광 속에서 하룻밤을 쪼그리고 지새웠다. 이불이나 다른 덮을 것을 갖다주면 절대로 안 된다는 말씀을 하셨기 때문에 우리는 광 근처에도 갈 수가 없었다.

그런 광경을 생생히 기억하고 있었으므로 이 다음에 내가 설령 파마할 나이가 되어도 파마를 해서는 안 된다는 생각이 들었다. 그런데 옥분이가 나를 자꾸 꼬드기는 것이다. 순간 나도 모르게 파마를 하고 싶은 욕망이 솟구쳤다. 아버지 얼굴이 또 스쳐 지나가며 '안 돼. 절대로 용서하지 않으실 거야.' 하는 생각이 들었지만, 파마를 한 옥분이의 얼굴이 너무나 예쁘게 보여 참을 수가 없었다.

아버님께 주의를 받을망정 변화를 하고 싶었다. 그래서 파마를 하고 말았다. 긴 머리를 자르지 않고 그대로 파마를 했다. 파마를 한 후, 거울을 보니 곱슬거리는 머리는 산발한 것 같고, 바구니 하나를 뒤집어쓴 것처럼 붕 떠 보였다. 지금처럼 스프레이나 무스가 없으니 차분하게 하기란 힘들었다.

보면 볼수록 아버지의 성난 얼굴이 떠올라 울고 싶었다. '이제는 죽었구나.' 하는 생각만 들었다. 한참 걱정을 하다가 체념을 하고, 어두워진 뒤에 별을 바라보며 집에 들어갔다. 속으로 무수히 빌면서 들어갔는데 다행히 아버지와 부딪히지는 않았다.

내 머리를 보신 어머니는 나보다도 더 마음을 쓰셨다. 얼굴에 근심이 가득한 어머니는 한참을 궁리하다가 머리에 두건을 씌워 주셨다. 약방에서 안채로 들어오신 아버지께서는 내 이름을 부르시고, 자리끼를 준비해 놓으라고 명령을 내렸지만 나는 심부름하는 애를 들여보내서 그 밤은 무사히 넘겼다.

이튿날, 약방으로 나가던 아버지께서 내 방에 들리셨다. 머리에 쓴 두건을 보고 눈을 크게 뜨며 '갑자기 수건을 왜 머리에 썼느냐.'고 물으셨다. 가슴이 덜컥 내려앉고 눈앞이 아찔했다. 내가 아무 말도 하지 않자 눈치를 채신 아버지께서는 안방으로 어머니와 함께 들어오라고 했다. 집안식구들은 모두 초긴장이었다.

아버지는 무릎을 꿇고 있는 나를 보고 수건을 벗으라고 하셨다. 망설일 여지도 없이 나는 아버지의 무릎에 매달려 잘못했다고 빌었다. 눈물을 아끼지 않고 흘려가며 아버지께 간곡히 빌었다. 한참 생각하던 아버지께서는 막내딸인 내 행동에 마음이 약해지셨는지, 아니면 아버지의 연세 때문이었는지는 모르겠지만 나지막한 음성으로 고개를 들어보라고 말씀하셨다.

"막내야, 머리를 단정하게 묶어라. 시대가 변해 가는 만큼 나도 이해하기로 했다. 그렇지만 어둠도 빛만큼이나 중요한 때가 있는 법이란다. 서양문명이 다 좋은 건 아니다. 가풍이 있는 여식이 되어야 한다. 삼강오륜이 무너지는 날에는 이 세상은 말세가 온다. 받아들일 건 받아들이고 배척할 것은 배척해야 우리나라의 근본을 잃지 않으니 내 말을 깊이 새겨들어라."

그 당시만 해도 파마를 하면 크게 흉이 되었고 주위에서는 다들 색안경을 끼고 보았다. 서양문화를 받아들이는 과도기여서 멋스럽게 만든다는 불파마는 하기도 불편하고 힘이 들었지만 하고 다니는 사람도 활발하지 못했다. 지금 기계화된 쉬운 파마를 할 때마다 머리하는 것을 말없이 지켜본다. 그때의 정서 속에 불파마로 처음 머리를 하면서 가슴 졸였던 순간이 추억으로 떠올려진다. 아버지의 철저하셨던 유교사상을 윤리가 무너져가고 있는 이때에 더 새롭게 교훈으로 새기고 싶은 마음이 간절하다.

빨래터

내 고향 전주천은 언제나 맑은 물이 흘렀다. 도시를 중심으로 빙 둘러 흘렀다. 명경알처럼 깨끗한 물속을 가만히 바라보고 있으면 얼굴이 그대로 비치기도 했다.

그곳은 삶의 숨결이 고이 배어 묻어났던 빨래터이기도 하였는데 사계절 하루도 빠짐없이 희로애락을 방망이로 두들기며 빨래를 했다. 우리 여인네들의 삶의 터전이기도 했던 빨래터에선 갖가지 소리가 있기 마련이다.

좋은 봄 날씨에 빨래를 하고 있을 때면 맑은 물속에 서식하고 있는 송사리들이 유유히 떼를 지어 몰려가는 것을 볼 수가 있다. 또 소금쟁이들은 물 위에서 가볍게 스키를 타듯 사랑놀이를 하며 놀고, 다슬기는 냇물 속 이끼 낀 돌에 많이 붙어 있다.

세탁이나 목욕 문화가 형성되지 못한 시절이어서 벗어놓은 빨랫감들은 대개가 때에 많이 찌들어 있고, 남루하였다. 백의민족이란 특성답게 흰옷을 많이 입고 살아서 더욱 때를 타기도 했을 것이다.

빨래를 하는 도구로 사용했던 그릇도 양은 함지박이나 세숫대야가 고작이었다. 비누도 양잿물로 만든 것이었으며 방망이는 빼놓을 수 없는 필수 도구였다. 빨래터에서는 까칠하면서도 널찍한 돌을 찾아 그곳에서 빨래를 했다. 그래야 때가 잘 빠졌다.

여름 날, 뜨거운 햇볕 속에서 빨래를 하고 있으면 동네 꼬마들이 물장구를 치며 장난을 쳤다. 아이들은 미꾸라지나 송사리 같은 물고기를 잡기 위해 하루해를 다 보내며 끼니를 거르며 놀았다. 아낙네들은 물내음을 맡으며 소쿠리를 들고 다슬기를 잡곤 했다. 여름이 그렇게 가고 나면 곧 가을이 닥쳐왔다.

가을이면 냇가 주변이 단풍으로 곱게 물이 들었다. 아낙네들은 큰 함지박에 이불홑청을 담아 들고 냇가로 나왔다. 계절은 제일 먼저 빨래터에서 시작되는 것 같았다. 낙엽이 개천으로 떨어지면 냇물은 파문을 일으키며 떠내려갔다. 어떤 사랑하는 사람이 지나가다가 빨래하는 연인 앞에 돌팔매를 던져 물의 파문을 일으켜 신호를 보내던 것처럼 행여나 하고 뒤돌아보며 방망이질을 했던 추억도 있다.

겨울이 오면 빨래터를 찾아야 하는 우리들은 너무 춥고 매운 날씨에 여간 곤혹스러웠다. 북풍한설에 얼음이 얼면 방망이로 깨가면서 빨래를 해야 했으니 말이다. 그때를 생각하면 어떻게 우리 여인들이 살아왔는지 모르겠다. 지금처럼 고무장갑만 있었더라도 고생은 덜 했을 것이다. 빨래를 해 양은 함지박에 담아 머리에 이고 걸으면 손이 함지박에 쩍쩍 달라붙어 그 고통이란 형용할 수 없을 정도로 시리고 아팠다고 한다.

어느 때부터였던가. 기억은 잘 나지 않지만 빨래터에도 빨래를 삶아 주고 돈을 버는 부부가 있었다. 그 때문에 집에 갔다 오는 한 번의 번거로움을 덜 수가 있었다. 빨래터에 돈만 가지고 가면 그 자리에서 초벌을 빨아 곧바로 삶아 올 수 있어 한결 편해졌다. 그 사람들은 생계수단이 생겨서 좋고 우리는 일을 조금이나마 덜어 시간을 절약할 수 있었다. 또 너무 추워서 몸이 부자유스러워질 때는 빨래 삶는 불 가까이 가서 몸을 녹이기도 했다. 그래서 동네 아낙들이 항상 많이 모여드는 장소가 된 것이다.

빨래터에서의 인연도 많이 있다. 평생의 사돈이 된 사례도 있었고, 좋았던 사이가 변해 적수가 되기도 했으며, 은혜에 보답하는 보은의 인연들도 있었다. 그만큼 빨래터는 우리들의 삶의 한 부분이었다. 지금은 그런 아름다운 풍습과 정경도 사라지고 없다.

가끔은 그 빨래터에 한 번 찾아가 보고 싶다. 지금은 생활하수며 오수로 인해 물이 맑지 않을 것이고, 빨래터에서 빨래를 하는 사람들도 사라지고 없을 것이다. 집집마다 세탁기며 손쉬운 빨래도구들이 즐비한데 누가 일부러 빨래터까지 찾아가서 빨래를 하겠는가?

집 한구석에 초라하게 자리하고 있는 닳아진 빨래방망이를 바라본다. 빨래를 두드리며 애환의 회포를 풀었던 방망이 소리가 지금도 전주천에서 쟁쟁히 들리는 것만 같아 콧날이 시큰하다.

소생당 한약방

소생당이라는 간판이 걸려 있는 한약방은 전주시내에 자리하고 있었다. 산재한 약재 속에서 살아온 우리들의 몸에는 한약 냄새가 배어 낯모르는 장소에 가 있어도 약방집 딸들임을 곧장 알아내곤 하였다.

우리 집은 남동생 둘에 딸이 넷이나 되었다. 눈에 넣어도 아프지 않을 만큼 남동생들을 편애하셨던 아버지의 아들 사랑은 유난했다. 아들들이 자유롭게 노는 시간에 딸들은 아버지의 지시에 따라 작두로 약을 썰고, 온갖 심부름을 다 해야 했다.

어린 마음에 약재들을 썰기가 왜 그리도 싫었던지 나는 아버지가 약방으로 건너가시면 그 틈을 타서 밖으로 나갈 궁리만 하였다. 마대와 소쿠리마다 밀감껍질이 가득 채워져 있었는데 약명으로 그것을 진피라고 했다. 진피는 썰기가 제일 쉬웠고 약을 짓는 데는 감초 다음으로 많이 쓰였다. 작두에 대고 썰 때마다 코에 스미는 향이 아주 은은했다.

작두를 많이 사용해본 탓에 명절 때나 김장할 때도 많은 떡가래와 무를 작두에 대고 썰어 힘들이지 않고 쉽게 일을 할 수가 있었다. 약장 서랍에는 약명이 한문으로 쓰여 있었다. 아버지는 우리들에게 한문을 가르쳐주기 위해서 서랍에 쓰여 있는 약명을 일일이 일러주셨다. 또 이따금씩 약에 대한 화제법도 가르쳐주셨다. 감기가 들었을 때, 땀을 내기 위해서는 소엽이 꼭 들어가야 한다든가, 탱자는 지실인데 지실을 삶아서 그 물로 두드러기가 난 피부를 씻어주면 효과가 있다고도 말씀하셨다. 그런 분위기에 편승해 한때는 한의사가 되어 볼까 하는 희망도 품어보았지만 50년대에 여자가 꾸어본 꿈치고는 너무도 멀게만 생각되었다. 하지만 여자 한의사들이 많이 생겨난 지금에 와서는 너무나 아쉬울 뿐이다.

의술은 인술이라고 말씀하셨던 아버지께서는 많이 베풀며 사셨다. 환자들을 위하여 약방을 비우신 적이 거의 없었고, 밤이면 환자들을 생각해서 깊은 잠을 잘 이루지 못하셨다. 손님이 없는 틈을 타서 잠깐씩 낮에 주무시는 일 외에 주야로 문을 열어놓고 계셨다. 한밤중에 장대비가 쏟아지고, 바람과 함께 천둥 번개가 몰아쳐 지천을 분간하지 못할 때라도 언제든지 달려가셨다. 손님이 약방에 찾아와 '소 선생님, 사람 좀 살려주세요.'라고 숨이 넘어가는 소리로 말하면 아버지께서는 더 급히 서두셨다. 제 아무리 가난하고 없는 집이라도 거절하지 않고 봉사하고 돌아오셨다. 그러면 그분은 아버님 은혜에 보답하는 뜻으로 김, 달걀, 마른 명태 같은 물건들을 가져오셨다. 모두가 가난했던 그 시절의 정감이 넘치는 가장 큰 선물인 셈이다.

아버지는 부인병을 제일 잘 보셨다. 전주 장안에서도 이름이나 있었다. 환자들을 항상 친절히 대했고, 진맥도 꼼꼼하게 하셨다. 아버지께서는 또 사람의 인체 내에서 기를 가장 중요시했다. 수업료와 용돈 때문에 가끔 약방에 서성거리고 있을 때면 아버지께서는 손님들한테 자연의 조화에 비유해서 기를 설명하며 '기허담승'이라고 말씀하셨다. 비가 오려면 하늘에 많은 구름이 몰려오는 것과 같이 사람의 몸이 약해지면 몸 안에 많은 담이 생기는 것이고 그것이 만병의 근원이 된다는 것이다. 나이가 먹을수록 아버지의 말씀이 지금도 생생하게 들려오는 듯하고 그 기가 중요하다는 것을 더 절실하게 느끼고 있다.

그때의 아버지와 다르게 지금의 의술은 인술이 아니고, 상술인 것 같다. 한밤중에 병이 나면 갈 데가 없다. 지금은 종합병원에 응급실이라도 있지만 50년대에는 지방에 응급실이 없었다. 일요일에는 아예 문을 열지도 않았다. 한약방도 마찬가지였다. 세상이 많이 변했다는 생각이 든다.

친한 친구가 약을 써보지 못해 예전에 딸을 잃었던 이야기를 하였다.

학교에 다녀온 딸이 무엇을 잘못 먹었는지 식중독을 일으켰는데, 하필이면 한밤중에 그 증세가 나타났고 배가 아프다고 뒹굴었다. 딸을 업고 식구들은 이 병원 저 병원을 헤매었다고 했다. 침을 맞으면 좀 나을까 하는 생각에 한의원까지 가서 문을 두드렸지만 개만 짖어댈 뿐, 누구 하나 나와 보는 이가 없었다는 것이다. 식구들은 급한 마음에 '사람 좀 살려 주세요.'라고 큰 소리로 애원을 했지만 소리는 밤 공기를 타고 허공에 묻혀버릴 뿐 딸을 살려줄 의사와 의원을 만나지 못해, 결국은 딸이 숨을 거두었다고 했다. 딸을 잃은 친구는 그때를 떠올리며 몸부림쳤다. 그 사연을 들은 나는 인명을 중시했던 아버지 생각이 더 한층 간절했다. 애끓는 친구의 모습을 바라보며 지난날, 아버지의 격조 높은 삶의 철학이 얼마나 훌륭하셨는지를 다시금 떠올렸다.

나는 남은 생이나마 해를 닮는 해바라기 꽃처럼 아버님의 깊은 사념을 닮아가며 살아가야겠다는 생각이 든다. 사람을 살린다는 소생당 한약방이 오늘따라 아버지의 생활철학과 함께 더욱 그리워진다.

쑥

봄을 제일 먼저 알리는 전령사인 쑥은 논두렁 밭두렁 언덕바지 어디에도 많이 번식하며 자란다.

봄의 향기를 제일 먼저 가져오는 강인한 생명력의 쑥은 우리 아버지께서 평생을 보약처럼 즐겨 잡수셨던 것이다. 첫 봄부터 늦은 가을까지 쑥이 쇠어 드실 수 없을 때까지 삶아 놓았다가 국으로 만들어서 드셨다.

우리가 어렸을 적에는 쑥을 시장에 가지고 나와 파는 사람이 없었다. 각 가정에서 쑥을 캐어 먹었기 때문이다. 지금은 쑥이 별미라고 하지만 그 옛날에는 별미가 아니라 살기 위해서 먹은 구황식물이다.

학교에서 일찍 돌아오는 날에는 언니랑 나는 쑥을 캐러 바구니를 들고 가까운 들로 나갔다. 아버지께서 좋아하시는 쑥국을 밥상에 올려놓기 위해서다.

언니하고 나는 중학교에 들어가기 전까지는 언제나 일요일이 되면 쑥을 캐러 다녔다. 쑥을 캐러 갈 때는 어머니께서 맛있는 도시락을 싸주셨고 언니랑 나는 그 도시락을 허리에 질끈 동여매고 가까운 시골길부터 시작하여 멀리는 4킬로 내지 8킬로까지 가서 쑥을 캐왔다. 그런 날에는 아버지께서 으레 칭찬과 더불어 약간의 용돈도 주셨다.

아버지께서는 쑥이 사람 몸에 가장 좋은 것이라며 많이 먹도록 우리들에게도 권했다. 쑥국을 드실 때에도 아버지께서는 국 속에 멸치나 다른 내용물이 들어가면 절대 잡수지 않으셨다. 쑥을 깨끗이 씻어 파란 쑥물을 뺀 다음 쌀뜨물에 된장 한 숟갈을 잘 풀어서 오래도록 끓였다. 그러면 향긋한 쑥의 향이 나돌았다. 아버지께서 함열읍에서 약방을 하실 때였는데 그때 밥해 주는 식모가 머슴애라서 음식을 할 줄 몰라 손쉬운 명탯국과 멸치 음식을 너무 많이 드셨기 때문에 멸치가 들어간 것은 몹시 싫어하셨다.

언니하고 나는 일요일이면 동네 아이들과 쑥을 캐러 먼 시골까지 찾아갔다. 그때의 시골길은 과수원이 많았다. 동네는 띄엄띄엄 몇 가호씩 있었다. 대낮에도 너무 고요한 들녘에서 쑥을 캐고 있으면 쇠파리들 나는 소리가 너무나도 크게 들려 들녘의 적막함을 깨웠다. 그때의 시골길에는 자동차는 전혀 다니지 않을 때이고 소구루마나 말구루마가 이따금씩 지나갈 뿐이었다.

나이가 제일 적은 나는 언니들의 뒤를 따라다니며 쑥을 캐느라 안간힘을 썼다. 쑥을 캘 때도 깨끗이 다듬어 가며 캤다. 우리 언니는 성격이 급한 탓인지 쑥을 검불까지 캤다.

이웃집 언니하고 우리 언니는 무슨 이야기가 그리 많았는지 쑥 캐는 것보다 이야기를 더 많이 했다. 그럴 때마다 나는 언니에게 짜증을 냈다.

쑥을 캐다 보면 해가 서산에 넘어가려 할 때가 많았다. 그런 날에는 나이가 제일 많은 언니가 앞장을 서서 우리들을 인솔했다. 언니들은 주로 무서운 이야기로 우리들에게 겁을 주었다. 조금 있으면 귀신이 나온다는 둥 산적들이 산에서 내려와 과수원에 숨어 있다가 사람이 지나가면 업어간다는 둥 무서운 이야기만 들려주었다.

나는 어린 마음에 콩알만 한 가슴이 어찌나 뛰었는지 가슴이 아플 정도였다. 머리 위에 인 쑥 자루며 손에 든 바구니를 놓칠세라 꽉 움켜잡고 과수원이 가까워지면 일곱 내지 여덟 명이 막 뛰기 시작했다. 뛰어가다가 경순이 언니 쑥 바구니가 땅에 나동그라졌다.

우리들은 뛰어가다가도 집들이 보이면 그때부터 숨을 돌려가며 천천히 걷다가도 과수원이 보이면 또 뛰었다. 얼마만큼 걷다 보면 땅거미가 지기 시작했다. 우리들이 살고 있는 동네가 보였다. 이때부터 경순이 언니는 하루 종일 캤던 쑥이 아까워 애둘거리며 집에 가면 저녁 국거리도 없다고 걱정을 했다. 우리들은 쑥

바구니를 죽 늘어놓고 나이가 많은 언니는 조금씩 걷어서 경순이 언니 바구니에 가득 채워줬다. 정감도 있었지만 같이 동고동락을 하고 공생공영을 할 줄 알았던 우리들이었다.

하루는 쑥을 너무 좋아하는 아버지께서 우리들을 앉혀놓고 이야기를 들려주셨다.

아버지께서 아주 젊으셨을 때 갑오년이라는 해를 맞았다고 하셨다. 그해에 가꾼 곡식들이 막 여물어갈 무렵, 하얀 된서리가 때아니게 너무 많이 내려 천재지변을 당했다고 하셨다. 모든 작물과 곡식이 전멸당하자 먹을 것이 없어진 백성들이 영양실조에 걸려 죽어나갔다는 것이다.

바로 그해를 가리켜 갑오경장이라 말씀해주셨다. 지금으로 말하면 경제의 난 IMF와 같은 것이다. 그때는 지금처럼 인스턴트식품이 없을 때라 농사를 망치면 먹을 것이 전혀 없어 영양실조로 쓰러져 죽어갔다는 것이다.

아버지께서 아침밥을 잡수실 때는 꼭 물을 말아서 잡수셨다고 하셨다. 우리 집 대문 앞에 와 있는 동네사람과 나누어 잡수시기 위해서였다. 아버지께서 머리를 쓰셔서 동네 사람들을 다 모아놓고 쑥을 캐어 오도록 하여 집집마다 남아 있는 곡식과 된장을 거둬들여 마을에 큰 가마솥을 몇 개 걸어놓고 아침저녁으로 쑥죽을 멀겋게 쑤어 동네 사람들한테 배급을 주어 갑오년의 대흉년을 슬기롭게 넘겼다고 하셨다. 쑥만큼 몸에 좋은 음식이 없다고 가끔 강조하셨다.

나는 쑥이 시장에 나오기 시작하면 장을 담근 메주를 건져 된장을 만든다. 된장 뚜껑을 열고 닫고 하여 햇볕에 된장을 잘 익혀 맛있는 쑥국을 끓여 먹을 때마다 아버지의 가훈처럼 떠오르는 쑥에 대한 묘미를 한 번쯤 생각해 보곤 한다.

3부

옥례언니와 콩나물

옥례언니와 콩나물

희준이는 나와 한마을에 살았다. 나와 나이가 같은 데다 생일 또한 같은 날이어서 어느 친구보다도 더 다정하게 지냈다. 희준이네 집에는 '옥례'라는 언니가 집안일을 하고 있었다.

옥례언니는 샘가에 놓여 있는 까만 보자기가 씌워진 콩나물 동이에 가끔 물을 주곤 하였다. 두레박으로 샘물을 퍼서 콩나물에 물을 줄 때마다 콩나물에서 풍겨오는 그 향긋한 내음은 내 몸을 전율케 했다. 지금에 와서도 나는 콩나물국을 먹을 때마다 그 향긋한 냄새를 생각하지만 옛날 그 냄새를 느낄 수 없다. 콩나물국을 끓일 때, 옥례언니를 떠올린다. 언니는 지금쯤 콩나물 색깔만큼이나 머리의 빛깔이 하얗게 세었을 것이다.

옥례언니는 콩나물동이에서 물이 다 빠진 후면, 예쁜 소쿠리를 들고 나와 포동포동한 콩나물을 다섯 손가락으로 쏙쏙 뽑아 담았다. 그 모습이 어찌 그리도 아름답고 예쁘게 보였던지 뒷짐을 지고 뒤에서 한참을 구경하던 나도 한 번 해보고 싶었다.

"언니, 나도 뽑아보고 싶어."

"안 돼. 콩나물을 흩어 놓으면 주인 아주머니한테 크게 꾸지람 들어."

옥례언니는 화들짝 놀라더니 절대 안 된다면서 고개까지 흔들어댔다.

하지만 나는 어찌나 콩나물이 뽑아보고 싶었던지 마구 억지를 썼다. 그리곤 막무가내 다가가서 콩나물을 뽑아 들었다. 재미도 있었으려니와 콩나물동이에서 풍겨 나오는 특유한 물 냄새가 내 심장 깊이까지 묘하게 파고들었다.

나는 콩나물 냄새의 묘미에 취해 나중에는 옥례언니 곁에 바짝 다가앉아서 지켜보았다. 아마도 콩나물의 그 향긋함은 약을 치지 않은 데다가 공해가 없는 깨끗한 샘물로 길러서 그랬을 것이다.

언젠가는 희준이네 마당에서 공기놀이를 하고 있었다. 희준이 어머니는 부엌에서 일하고 있는 언니를 불러 무슨 말인가를 했다. 언니는 다시 부엌으로 들어가더니 적당히 큰 양푼을 들고 나왔다. 그러더니 콩나물에 열무김치를 넣고 비빔밥을 만들었다.

희준이와 나는 언니가 비벼준 비빔밥을 작은 밥상 위에 올려놓고 둘이서 서로 눈을 맞추며 맛있게 먹었다. 그 일들이 엊그제 같기만 하다. 그때의 그 맛 또한 무엇에 비길 수가 없다.

어느 날, 희준이 집에 놀러 갔을 때였다. 옥례언니가 모퉁이에서서 슬피 울고 있었다. 언니의 어머니가 곧 돌아가실 것 같다는 것이다. 내가 손을 꼭 잡자 언니는 내 목을 껴안으며 더욱 서럽게 흐느껴 울어댔다. 희준이네 집에 놀러 갈 적마다 반가워 해주었던 언니였는데 그 후로는 볼 수가 없었다.

옥례언니는 천성이 고왔고 얼굴도 아름다웠다. 짬이 있을 때는 우리랑 같이 놀아주고, 숙제도 해주었으며, 받아쓰기를 불러주기도 했다. 그러다가도 때가 되면 벌떡 일어나 부지런히 움직였다. 언니는 언제나 종종걸음이었다.

두레박 샘에 돌을 달아 김치를 넣어두는데, 꺼낼 때 곁에서 우리들이 침을 꼴깍거리면 언니는 손으로 집어 우리의 입에 넣어주기도 했다. 매우면서도 시원하고 맛깔스러운 열무김치의 그 맛도 일품이었는데, 언니의 채취만큼이나 구수한 향수의 맛이었다. 또, 희준이와 내가 마당에서 공깃돌놀이를 하고 있으면 옥례언니는 오목한 투가리(뚝배기)에 언제 된장을 끓였는지, 냄새 또한 일품인 된장찌개에 열무김치, 고추장과 콩나물, 짠지를 넣고, 참기름과 깨소금 등 양념을 넣어 만든 비빔밥을 주었다. 언니만의 비법이었다. 희준네 집에서 그 비빔밥을 먹는 일은 정말 신나는 일이었다.

언젠가 전주에 갔을 때, 내가 살던 그곳을 찾았다. 같이 놀면서 자랐던 희준이네는 서울로 이사하고 없지만 희준이네 집도 찾아보았다. 모든 것들이 많이 변해 있었는데, 그렇게 넓게만 보였던

골목길은 너무 좁았다.

열려 있는 대문 사이로 안을 바라보니, 샘은 없어지고 그 자리에 수도가 놓여 있다. 콩나물동이를 놓아두었던 자리에는 세면대가 설치되어 있고, 넓은 마당은 잔디로 변해 있다. 옥례언니가 음식을 만들 때마다 부지런히 움직이며 닫았다 열었다 하던 찬장도 없어졌다. 세월 따라 집이 너무 달라진 것이다. 가슴이 뭉클해졌다. 보고 싶은 옥례언니의 얼굴이 내 마음에 파문을 일으켰다.

옥례언니를 꼭 한 번만이라도 만나고 싶다. 가슴 저리게 그리운 옥례언니가 이 세상 어딘가에 살고 있다면 뜨거운 마음으로 맞아주고 싶었다. 만나서 밤을 지새우며 내 가슴속 깊이 담아놓았던 추억을 나누고 싶다.

옥례언니가 어디에서 어떻게 살고 있는지, 혹시 너무 늙어서 이 세상 사람이 아닌 건 아닌지, 별별 생각을 하며 그 골목길을 빠져나왔다.

물

물은 옛날부터 지금까지 삶의 가장 중요한 재산이다.

예전에 내가 살던 곳에선 마을에 큰 우물이 있었고, 괜찮게 사는 집에선 안마당에 작은 샘물을 두고 살았다. 집안의 샘물을 잘 사용하는 것은 식구들의 몫이었다. 무엇보다도 식구들은 샘물이 더러워질까 봐 조심하였고, 깨끗하게 쓰며, 소중하게 여겼다. 공해가 없던 때였지만 지극히 정성껏 다루며 물을 퍼 썼다.

샘은 일 년에 두 차례씩 봄, 가을을 택해 청소를 했다. 그 땐 샘 청소를 전문적으로 해주는 사람들이 있었다. 그들은 기운이 좋은 장정들로 '샘푸시암'이라고 외치며 골목골목을 누비고 다녔다. 바짓가랑이 하나는 걷어올리고, 이마에는 두건을 질끈 동여매었으며, 두서너 명이 한패가 되어 돌아다녔다. 어린 날에 내가 들었던 '샘푸시암' 외침은 사무치도록 정겨운 소리가 되었다.

장정들은 일을 하기 위해서 바지를 걷고, 윗옷을 벗었다. 샘물 속에 땀방울이 떨어지는 것을 막기 위해 머리에 두건을 쓴 다음, 그들은 호미와 칡넝쿨로 만든 삼태기를 들고 우물 속으로 들어갔다. 그들은 우물 속에서 아이들이 잘못하여 빠뜨린 물건들과 많은 쓰레기들을 건져냈다. 쌓인 모래와 자갈, 돌들도 담아 밖으로 퍼냈다. 그렇게 깨끗이 청소해주고 그들은 품삯으로 보리나 쌀을 받아갔다.

말끔하게 청소가 된 우물은 하룻밤을 재우고 나면 온전하게 맑은 물이 솟아났다. 그런 후에야 비로소 정화된 샘물을 사용할 수 있었다.

물을 풀 때는 두레박이나 도르래를 이용하였다. 두레박 끈은 남정네들이 밤에 사랑방에 모여 가마니를 짜거나 짚신을 삼을 때, 꼬아주었다.

냉장고가 없으니, 여름날의 삼복 더위에 각 가정에서는 김치항아리를 망에 넣어 샘물 안에 집어넣었다가 꺼내어 먹었다. 망의 줄을 가만히 늘어뜨려 샘물에 닿을 정도로 띄워놓으면 시지 않은 김치를 시원하게 먹을 수 있다. 과일도 그런 방식으로 해서 먹으면, 지금의 냉장고에 넣었다 꺼낸 것보다도 더 싱싱해서, 달콤하고 맛이 아주 좋았다.

시골에선 우물이 동네 사람들의 모임 장소가 되었다. 모든 삶의 소리는 우물에서부터 시작되었다. 텔레비전이나 라디오, 오디

오가 없는 때니, 그럴 수밖에 없었을 것이다. 마을 아낙네들이 제일 많이 모여드는 장소가 우물가였으니까 갖가지 소문의 발원지가 되는 것은 당연했다. 동네의 뉴스거리는 우물가에서 입과 입으로 빠르게 전달되어, 집 안에 있는 식구들까지도 모두 다 듣게 되었다. 갓 시집온 새색시는 물동이를 이고 우물에서 물을 퍼 가는 뒷모습부터 동네 사람들의 입에 올랐다. 얼굴에서 시작하여 엉덩이까지 들먹이며 들어갔느니, 나왔느니 일부러 흉을 잡았다. 심지어는 걸어가는 발걸음까지 흉을 만들어 웃었다. 얼마 지나지 않아 새댁은 자신보다 늦게 시집온 또 다른 새색시를 흉보며 함께 어울려 소곤거렸다. 우물은 그만큼 낯선 이웃들까지 쉽사리 가깝고, 친근하게 만들어주기에 그만인 장소였다.

마을의 우물은 칠월 칠석이나 초사흗날에 마을의 행사로 알고 청소를 했다. 우물 청소를 하는 날에는 집집마다 조금씩 음식을 해서 우물가로 가지고 나왔다. 고사를 드리기 위해 꽹과리와 북, 나팔까지 어울려 온 동네가 떠들썩하게 굿놀이를 하고, 한바탕 재미있게 놀았다. 또, 팔월 열나흗날과 섣달 그믐날에는 샘가에 호롱불을 켜놓고 일 년 내내 맑은 물이 나오고, 샘물이 마르지 않도록 빌며 고사를 지냈다.

내가 어렸을 때의 일이다.

우리 집은 딸이 넷이고, 늦둥이로 간신히 아들 하나를 두었다. 그래서 나의 둘째언니는 학교에서 집으로 돌아온 후엔 언제나 늦둥이를 돌보아야 했다. 어느 날, 언니는 친구들과 땅뺏기놀이에 정신을 빼앗겨 늦둥이를 돌보는 임무에 소홀하게 되었다. 언니가 보지 않는 사이에 늦둥이는 엉금엉금 기어 샘가로 갔다. 샘의 끝까지 기어간 늦둥이는 물속을 들여다보았던 모양이다. 때마침 이웃에 사는 말째(꼴찌) 언니가 그곳을 지나가다 기겁하며 아이를 안았다고 했다.

사실을 알게 된 어머니는 놀고 있던 언니를 혼내려 잡으려는데, 당혹한 언니가 눈치채고 잽싸게 내뺐다. 달아나는 언니 뒤를 따르며 어머니는 온 마을을 몇 바퀴나 돌았다. 그 일로 놀란 언니는 그 뒤부터 학교에서 돌아오면 항상 늦둥이를 업고 다녔다. 늦둥이를 샘에 빠뜨리지 않은 게 얼마나 다행인지 모른다며, 둘째언니는 오랜 동안 가슴을 쓸어내렸다.

물맛이 좋으면 물이 달착지근하다고 표현했다.

예전의 샘물과 우물물은 여름엔 시원하고, 겨울에는 따뜻했다. 더운 여름날, 시원한 물을 한 대접 떠서 밥을 말아, 된장에 풋고추를 찍어 먹으면 없던 입맛도 살아났다. 밥을 만 물맛이 천하일미였다. 지금은 그런 물맛을 찾을 수가 없다. 오수와 소독으로 찌들어진 수돗물, 생수라고 파는 물, 정수기로 걸러나온 물, 약수라고 떠오는 물, 모두가 예전의 물맛이 아니다. 물 자체에서 냄새가 나서 건구역질이 난다.

편안하게 사용하는 수돗물로 인해 우물과 샘물이 사라진 것은 오래전의 일이 되었고, 이제는 오염된 물과 농약을 제거하고, 물을 깨끗하게 만든다는 정수기가 각 가정마다 자리를 차지하고 있다. 자연의 물 대신에 기계로 정화를 시켜서 물을 먹어야 한다니, 정말 걱정이다. 물을 사 먹는 시대가 된 지금, 지나친 문명의 발달로 파괴된 환경을 생각하며, 씁쓸함에 젖는다. 좀더 물을 아끼고, 모두가 산천을 깨끗하게 관리했더라면 하는 아쉬운 생각에 후회가 되기도 한다.

옛날처럼 달착지근한 물을 한 모금이라도 마셔보았으면 소원이 없겠다는 생각이 들 때마다 물의 오염이 심각해지는 것에 불안한 마음이 한층 증가한다. 샘물과 우물의 물맛이 좋았던 시절로 다시 돌아갈 수만 있다면, 그런 시대에 살아보았으면 하는 마음이 간절할 때면 옛날이 더욱 그리워진다.

둘째언니

네 자매 중 둘째언니가 백혈병으로 세상을 떠났다. 나는 딸 중에 넷째딸이다. 네 자매 중에 둘째언니와 나는 대화도 잘 통했고 세상 보는 눈도 같았다.

그래서인지 둘이만 만나면 시간가는 줄도 모르고 대화 속에서 자매의 우애가 돈독했다. 낙엽이 물들어가는 완산칠봉을 언니랑 나랑 둘이서 손을 잡고 걸었다.

언니는 사계절 중에 가을을 제일 좋아했다. 매년 10월 3일이면 전주 성심여고 동창회 날이다. 선배인 우리 언니와 나는 학교 교정에서 만났다. 그런데 올동창회 때에는 언니가 항상 나를 기다리며 앉아 있던 동창회관에 오지 않았다.

언니들의 다정한 친구들은 나를 보자마자 달려와 위로의 말을 했다. 나는 울지 않으려고 노력했지만 언니와 가장 친한 선옥이 언니를 보면서 마음이 진정되지 않아 그만 울어버리고 말았다. 선옥이 언니도 울었고 언니의 선후배들도 다 울었다. 언니와 나는 언제나 10월 3일 동창회가 끝나면 으레 경기전에 들렀다가 완산칠봉까지 걸어가면서 그 옛날에 네 자매가 자라던 이야기를 하며 즐거웠던 생각에 빠지기도 했었다.

언니는 백혈병을 앓으면서부터 머리가 많이 어지러웠다고 했다. 그러면서도 완산칠봉에 가기를 무척 원했다. 완산칠봉은 네 자매가 어릴 때 살던 동네 뒷산이었다.

네 자매는 언제나 완산칠봉에 가서 놀면서 자랐다. 봄이면 나물도 캐고 산길을 따라 다니며 하얀 찔레꽃을 따먹으며 놀았다.

여름이면 무더위에 시달릴 때 네 자매는 숲이 우거진 완산칠봉으로 피서를 갔다.

그때에는 에어컨, 선풍기가 없을 때라서 네 자매는 땀띠샘이라는 골짜기 깊숙이 들어앉은 옹달샘가로 갔다. 옹달샘가에서 네 자매는 등목도 하고 시원한 물도 떠 마시면서 피서를 즐겼다.

가을에는 열매가 익어 맹감도 따먹어 보고 채색된 낙엽을 주워와 책갈피에 눌러 놓기도 하였다. 겨울에 완산칠봉이 하얀 눈으로 뒤덮여 있을 때 네 자매는 장갑도 끼지 않고 눈싸움을 하며 놀아도 감기 한 번 걸리지 않고 건강하게 자랐다.

언니는 아버지 어머니 우리 식구 다함께 살고 있을 때가 가장 행복하고 즐거웠다고 한다. 둘째언니는 병이 짙어가면서 길을 가다가도 어지러워서 가끔 내 몸에 기대어 앉아 있다가 걸어가곤 했다. 그럴 때마다 언니는 죽음에 대한 공포에 시달리며 많이 괴로워했다.

늘상 괴로워하는 언니한테 용기를 주기 위해 우리 네 자매는 희망의 나래를 펴주는 이야기를 해 주었지만 언니의 괴로움에는 힘이 되어주지 못했다.

우리 언니는 백혈병을 앓으면서도 사 년 반을 살았다. 의사들은 육 개월을 넘기기가 힘들다고 했다. 언니는 병을 앓으면서도 집안 살림을 다 했고 이불 손질까지 남에게 맡기지 않고 손수했다.

1996년 10월 3일 전주 성심 오십 주년의 대행사가 있는 날이었다. 우리 언니는 마지막으로 학교 교정을 밟았다. 화장을 곱게 하고 옷을 아주 멋있게 입은 우리 언니는 역시 귀부인이었다. 금자 언니와 선옥이 언니 사이에서 나를 보고 반가워하며 내 손을 꼭 잡아 주었다. 언니는 막내인 나를 보면 희망이 생긴다면서 몇 년 만 더 살고 싶다고 했다. 나는 그 말을 듣는 순간 코끝이 찡하면서 금방이라도 울음이 터질 것만 같았다.

나는 언니 손을 다시 잡았다. 그리고 내가 가장 아끼던 진주목걸이를 언니의 손에 꼬옥 쥐어 주었다. 언니는 힘없는 미소를 지으며 "고맙구나. 내 사랑하는 막내아우야. 이담에 동창회 올 때는 이 목걸이를 꼭 하고 오마." 하던 언니가 그해 마지막 달인 12월 16일에 세상을 뜨고 말았다. 나는 통곡을 했다.

육십오 살이라는 짧은 인생이 너무 안 되어서 나는 울고 또 울었다.

화려한 삶을 살다 간 언니였지만 나는 가슴이 너무 미어지는 듯 아팠다.

올해도 동창회 날은 어김없이 왔다. 나는 언니를 잃은 외로움 속에서 완산칠봉을 혼자 걸었다. 내 옆에 항상 같이했던 언니가 있는 것 같고 내 이름을 부르는 것 같기도 했다. 낙엽이 물들어 사르르 떨어졌다. 인생은 낙엽과도 같은 것. 먼저 떨어지는 것이 있는가 하면 모진 눈바람 속에서도 앙상한 나뭇가지에 끝까지 매달려 있는 것도 있다. 나는 땅에 떨어진 낙엽을 주웠다. 우리 언니의 삶에 비유했던 낙엽들이다. 이제 모든 것이 지나가버린 날들이지만 내 가슴속에 영원히 잊지 못할 아픈 사연들이었다. 그래서 인생은 생로병사를 진리로 말한 것 같다. 그러기 때문에 우리네 인간들은 대자연의 순리 속에 살다 가는 것 같다는 생각이 들었다.

석양 노을을 가슴에 담고 산길을 한 번 죽 걸어 보았다.

어린 날 우리 네 자매가 놀며 자라던 곳을 눈으로 어루만지며 우리가 살던 마을을 향해 걸었다.

만남

만남이라 하면 필연과 우연이 있다. 묘한 인연을 따라 우리의 삶은 시작되는 것 같다. 부모의 모태 속에서 태어나면서부터 불교에서 쓰이는 말로 삼생의 인연이든 상극의 인연이든 만남이 시작되는 것이다. 하루에도 수많은 사물을 접할 때마다 좋은 일도 있으며 궂은일도 있다. 때로는 신비스러우리만큼 편안한 마음을 가질 때에는 행복으로 가득한 순간을 느끼게 한다. 그것은 신앙의 존귀함 속에서 자기 사상에 맞는 신을 의지하고 있을 때일 것이다.

내가 종교에 첫발을 디딘 것은 어느 법사님과의 만남에서였다. 인과의 이치(인과보응)의 설법이 내 가슴의 깊이까지 파고들며 설렘까지 갖도록 했다. 그것이 계기가 되어 종교를 선택하게 되었다.

무등산이라는 주제를 놓고 설법을 하시는 법사님의 구수하고도 재미있는 이야기는 옛날에 사랑방에서 야담을 듣는 듯했다. 법사님의 눈빛 속에서는 맑은 샘물이 흐르는 듯했고 명경알처럼 맑았다.

홀어머니와 노총각이 아주 가난하게 무등산 골짜기에서 숯을 구우며 살았다. 매일 숯을 구워 살아가는 총각은 숯을 구워 가면서도 한양이라는 곳에 한 번 다녀왔으면 하는 마음의 동자가 싹이 트기 시작했다.

숯을 구워 모아둔 돈으로 한양에 갈 결심을 한 총각은 어느 날 어머니와 마주앉은 밥상에서 가까스로 승낙을 얻어냈고, 그날이 다가오자 간단한 여장을 꾸려 길을 나섰다.

한양에 도착해 보니 어찌나 신기한 것이 많은지 눈이 휘둥그레졌다. 산골짜기에만 묻혀 살던 총각은 이곳저곳 다니며 많은 물건들에 어리둥절했다. 낯선 곳을 샅샅이 구경하는 동안 어느덧 해가 서산으로 져서 어둑하여 유숙할 집을 찾았다. 잠을 청하기 전에 내일은 홀로 계실 노부모한테로 가야 한다는 생각을 하자 어머님께 선물로 드릴 물건과 한양에 왔다간 표적으로 남길 만한 적당한 물건을 생각하느라고 잠을 잘 이루지 못했다. 궁리를 하는 중에 낮에 상점에서 본 이상한 모자가 마음에 와 닿았다.

아침 일찍 선물을 사고 모자도 샀다. 쓰는 것인 줄만 알았지 모자의 의미도 물론 몰랐다. 그 모자는 경성제대 학생만 쓰는 사각모였다. 아무것도 모르는 총각은 모자를 사서 스스럼없이 쓰고 벽에 걸려 있는 거울을 보았다. 자신이 보아도 놀랄 만큼 인물이 준수했다.

총각은 모자를 쓰고 선물 꾸러미를 들고 집으로 돌아오는 길이었다. 기차를 처음 타본 총각은 화장실 바로 옆자리에 앉았다. 이때 마침 동경에서 유학을 하고 돌아와, 광주의 친구 집에 가던 여학생이 이 총각을 발견했다. 여학생은 용모가 준수하고 일류대학 모자를 쓴 남학생이 화장실 옆에 겸손한 모습으로 앉아 있는 것을 보고 그만 반해버리고 만 것이다. 벼가 익으면 고개를 숙이듯이 사람도 큰 사람일수록 겸손한 것이라고 생각했기 때문이었다. 광주로 가는 기차는 달리고 있지만 무등산 총각은 바로 앞만 바라볼 뿐 수줍어하고 있는 여학생에게는 관심조차 없었다. 여학생은 가슴이 타서 이제나저제나 눈길이라도 한 번 줄까 싶었는데 여전히 무심한 상태라 참다 못하고 총각 옆에 가 앉으며 뛰는 가슴을 진정시켰다.

남녀칠세부동석인 시대에서 여자가 외간 남자와 이야기를 하게 되면 시집은커녕 돌멩이가 던져지는 때였지만 힘과 용기를 내어 어디까지 가느냐는 인사를 건넸다. 총각은 적이 놀라는 눈빛을 내비치며 두 손을 모은 겸손한 태도를 지으며 무등산 골짜기까지 간다고 답하였다. 그런 사이 기차는 어느새 광주역에 닿아 두 사람은 헤어졌다. 헤어진 뒤로 여학생은 총각에 대한 연정의 꽃이 피기 시작하여 총각을 잊을 수가 없었다. 일본으로 다시 공부를 하러 가야할 이 여학생은 마음의 병을 얻어 공부를 포기해야

할 상태에까지 이르렀다. 견디다 못한 여학생은 결국 무등산 총각을 찾아 나서기로 마음을 굳게 먹고 어머니에게 사실을 고백하였다. 당황한 어머니는 사랑채에 있는 남편에게 달려가 딸의 이야기를 고했다. 노발대발하던 아버지도 무엇을 생각했는지 슬며시 모른 척해주었다. 이렇게 엄격한 가정에서도 딸 하나 혹시 어떻게 될까 봐 포기를 한 것이다. 이것이 바로 인과가 아니고 무엇이겠는가.

광주로 내려간 여학생은 이곳저곳을 헤매다 마침내 외딴집이 있는 무등산까지 왔다. 오막살이에 마루도 없는 집의 흙벽에 사각모가 하나 걸려 있었는데 바로 그 기차 안에서 본 모자였다. 인기척에 방문이 열리며 꾀죄죄한 노파의 얼굴이 나타났다. 이 집에 사는 총각은 어디에 있느냐는 물음에 노파는 골짜기에 숯을 구우러 갔다고 말했다. 그곳에 가서 보니 숯가마에 불을 지피고 있는 총각의 뒷모습이 보였다. 타오르고 있는 불빛에 비친 총각의 얼굴은 성인보다도 더 성스러웠다. 여학생이 다가가자 총각은 당시의 기억을 더듬으며 상면하고 사초시종을 들었다. 도저히 이루어질 수 없는 사랑이 시작된 것이다.

여학생은 희망을 잃지 않고 노부모와 총각을 오랜동안 설득하여 서울로 이사를 시키고 그후로 친정집을 설득시켜 총각을 위해 모든 것을 바치기로 결심했다. 초등교육부터 시작한 총각은 후에 일본으로 유학까지 하게 되어 나중엔 훌륭한 인재가 되었다는 것이다.

우연한 만남으로 자기의 평생을 걸고 시작한 이 부부는 이 나라의 역대의 인물이었다. 총장과 장관을 살아온 이들은 현재도 살아 계시는 분인데 이름을 밝힐 수 없다는 법사님의 설법으로 끝이 났다..

인과의 이치가 이렇게 운명과 삶을 바꾸어 놓는데 어찌 만남을 소홀히 생각할 수 있을까. 다행히 상생의 만남이면 몰라도 상극의 만남이라면 얼마나 무서운 인과인가. 생각만 해도 소름이 끼치는 일이다. 오늘도 우리는 수없는 만남의 생활 속에서 하루를 살아간다. 좋은 만남이 있는 날에는 뿌듯함과 보람을 느끼며 살지만 만남이 잘못되고 보면 손해와 치명타를 당하는 수가 있다. 또 액운을 면하지 못하는 결과도 있다.

서로 화합하며 사는 것이 가장 중요한 상생 인연의 만남이다.

가을 운동회

하늘에 오색무늬가 일면 붉은 석류알처럼 생긴 태양이 서산으로 넘어간다. 석양이 겨우 숨을 내쉴 무렵이면 만국기가 내려지고 드디어 운동회가 끝난다.

운동회 전날 잠을 설치며 혹시 비가 오면 어쩌나 가슴 졸이는 마음은 아이들뿐만이 아니었다. 식구들대로 하루의 즐거운 경사가 망쳐질까 봐, 문을 열었다 닫았다 하며, 하늘만 쳐다보았다.

당시는 운동회가 명절이나 다름없었다. 지금처럼 해외든 국내든 마음대로 놀러 다니며 구경할 수 있는 관광시대가 아니었기 때문에 더욱 그랬다. 운동회 날 외에는 마을 전체가 어울리는 놀이 공간이 없었으므로 동네마다 큰 경사였다.

운동회 날 입는 옷은 각자 집에서 만들었다.

흰 천으로 반소매 윗저고리를 만들고, 바지는 검게 물을 들였으며, 여자는 반바지 끝에 고무줄을 넣어 붕 뜨게 보이도록 했다. 운동복은 옥양목으로 만든 것이 최고였다. 우리 집은 학생이 넷이나 되는 터라 어머니와 큰언니는 옷을 만들기 위해 운동회를 앞두고는 며칠 밤을 재봉틀에서 살았다. 옷만이 아니라, 청색과 백색의 머리띠를 만들고, 덧신도 만들어야 했으니 손길이 분주했다. 힘들게 일을 하면서도 그때 어머니 얼굴에 행복한 웃음이 가득했던 기억이 난다.

운동회는 소운동회와 대운동회가 있었다. 지금처럼 형식에 지나지 않는 운동회와는 달리 가을이 문턱에 들어서면서부터 며칠을 연습했다. 소운동회는 완전하게 잘 되었는지를 선생님들 앞에서 시범을 보이는 준비운동회였다. 그날은 잘못된 부분을 낱낱이 지적하고, 다시 연습하여 완벽한 대운동회를 하도록 하였다.

소운동회가 끝난 날 저녁에, 우리 형제들은 밥상에서 싸움이 벌어졌다. 언니 둘이 청군이었고, 남동생과 나는 백군이었는데 백군이 졌던 것이다. 언니들이 이겼다고 어찌나 약을 올렸던지 마구 대들었다가 어머니에게 호되게 주의를 받았다. 그때는 지는 것이 왜 그렇게 약이 오르고 속상했는지 모른다.

아버지께서는 때로 운동회 연습을 구경하러 학교에 오셨다. 연습 시엔 아이들의 함성과, 북을 울리고 꽹과리 소리가 마을을 들썩이게 했고 가을을 온통 뒤흔들었다. 우리 집은 학교 옆이어서, 들려오는 떠들썩한 함성에 점잖은 아버님도 약방에 가만히 앉아 계실 수 없으셨던 모양이다.

드디어 기다리던 운동회 날이다. 밤새 뒤척이며 잠을 이루지 못한 나는 언니들보다 일찍 일어나 마당으로 나와 하늘을 보았다. 하늘에 초롱하게 떠 있는 별을 보는 순간 마음이 흐뭇하고 즐거웠다.

새벽부터 서둘러 옥양목으로 만든 덧신을 신으니 발바닥이 땅에 닿아 간지러웠다. 처음 신어보는 덧신으로 기분이 좋아 당장이라도 날아갈 것만 같았다. 뛰다시피 학교로 달려갔다. 교문에 들어서자 아이들 몇 명만이 서성거렸다. 운동장은 하얀 가루로 금을 그어 놓아 깨끗하고 정리가 잘 되어 있었다. 동이 막 튼 가을 하늘 아래 정돈된 만국기가 펄럭였다. 가슴이 뿌듯했다.

"오늘은 기어이 백군인 우리가 이겨야지."

다짐을 하고 나는 뜀뛰기와 달리기를 혼자 연습해 보았다.

시간이 조금 지나자 돗자리를 하나씩 든 사람들이 서로 좋은 자리를 차지하기 위해 모여들었다. 대부분 남자들이 먼저 와서 자리를 차지하고 있다가 집에 있던 식구들이 오면 물러갔다. 그 날은 주로 여자들끼리 모여 하루를 즐기며 행복해 하고, 남자들은 한쪽 구석, 여자들이 없는 곳에 서서 구경하는 날이었다.

가을 하늘 아래 흥분 속에서 행해지는 이어달리기 계주는 운동회의 클라이막스였다. 계주가 끝나면 바로 점심식사 시간임을 알리는 확성기 소리가 들리고, 이때부터 곳곳에서 잔치가 벌어졌다. 아이들이 없는 동네 아주머니까지 동원하여 한가족이 되는 시간이다.

넓은 학교에 빽빽이 들어찬 사람들 틈에서 우리 식구들을 찾는 일이 내겐 곤욕이었다. 식구들은 힘들게 자리를 잡았는데 내가 없어서 찾느라고 한참을 헤맸다. 딸 중에 꼴찌로 태어났다고 해서 '꼴랑지'란 별명으로 불린 나는 집에서는 그렇게 부를망정 학교에서는 제발 부르지 말라고 당부했는데도 깜박 잊었는지 '꼴랑지야.' 하고 부르며 식구들 모두가 나를 찾아다녔다. 나는 친구들이 그 소리를 행여 들을까 봐 그냥 도망치고 말았다.

식구들은 한쪽에 쭈그리고 있는 나를 찾아내어 간신히 달래어 자리로 데려갔다. 그곳에서 나는 또, 펼쳐놓은 음식을 보고 입을 삐쭉였다. 다른 집은 찬합에 가지런히 음식을 담아왔는데, 우리 집은 옷을 담았던 커다란 광주리에 음식을 가져와 창피했던 것이다. 누가 보지 않는데도 어린 마음에 어찌나 부끄러웠던지 밥도 먹지 않고, 은근히 어머니를 괴롭혔다.

지금도 가을만 되면 그 시절의 운동회가 생각난다. 그리고 그때 어머니를 속상하게 했던 내 철부지의 행동들도 생각나서 가슴이 아프다. 그것뿐 아니라 가을 하늘을 보며 손자 녀석의 체육행사처럼 간단한 운동회가 씁쓸하다. 손자가 내 나이쯤 되었을 때 나처럼 즐겁고도 가슴 아픈 기억들이 없을 것이기에 더욱 그런 생각이 드는 것이다.

어느 봄날

한 달에 한 번씩 딸아이의 초등학교 자모, 열다섯 명이 모임을 가졌다. 모임의 뜻은 같았지만 종교와 사상만은 각각 달랐다. 그 중에서 원불교에 다니는 친구가 다섯 명이나 되고 천주교, 기독교, 불교를 믿는 친구들도 있었다. 매달 한 번씩 모임을 가질 때마다 집집마다 돌아가며 점심식사를 했다.

내 차례 점심식사가 있는 날이었다. 교무님께서 때마침 우리 집에 오셨다. 나는 친구들에게 교무님을 소개했다. 점심식사를 같은 좌석에서 하도록 친구들에게 양해를 구했다. 모두는 좋아했다. 교무님께서도 흔쾌히 승낙하셨다. 원래 사교적이고 포용력 있는 교무님은 몇 시간이 지나자 우리 친구들한테 최고의 인기를 얻었다. 열다섯 명의 친구들은 교무님으로 인하여 원불교에 대한 인식을 새롭게 했다.

어느 늦은 봄날이었다. 다음 달의 모임은 야외로 나가는 것이 어떻겠냐고 한 친구가 제의했다. 모두는 찬성했다. 미리 정해놓은 날이 왔다. 열다섯 명은 약속장소에 다 모였다. 우리가 가고자 하는 장소는 익산 원대 앞에 있는 딸기밭이었다. 1960년도에 그 근방은 거의 딸기밭이었다. 우리 일행은 익산 가는 버스를 타고 정류장에서 내렸다. 다시 시내버스를 타고 원대 앞에서 내렸다.

기왕이면 딸기밭이 많은 곳으로 찾아가기로 했다. 열다섯 명은 천막 안으로 죽 들어가 앉았다. 싱싱하고 보기 좋은 딸기 몇 바구니가 들어왔다. 방금 따가지고 들어온 딸기의 향에 반해 모두는 입맛을 다시었다. 싱싱하고 향기 좋은 딸기를 처음 먹었다. 일미였다. 실컷 먹으면서 산재한 이야기를 하며 놀았는데도 해는 아직 중천이었다. 더 놀러 갈 데 없을까 하고 한 친구가 말을 꺼냈다. 그 말을 듣고 있던 친구들도 더 놀기를 원했다. 어디 적당한 장소가 없을까 하고 각자 한 마디씩 했다.

나는 이 근방에 원불교 총부가 있다는 생각이 났다. 이 기회에 친구들을 데리고 총부에 가서 구경을 시켜주면 좋을 것 같다는 생각이 들었다.

교무님으로부터 어느 정도 원불교에 대한 사상은 주입이 되어 있는 터라 총부에 대한 인식도 시킬 겸 데리고 갔다.

총부는 지금처럼 모든 것이 정교하게 정리가 되어 있지 않았다. 총부 문 안으로 들어서서 몇 미터 걸어가니 종법사님께서 기거하는 조실이 보였다. 조실 뒤뜰에서 법사님 몇 분들이 하얀 한복을 입고 계셨다. 멀리서 바라보니 그분들은 하늘에서 하강한 신선같이 보였다. 가까이 다가가 보니 그곳에 종법사님도 계셨다. 나는 종법사님을 뵈는 순간 마음이 뿌듯하면서도 긴장이 되었다. 학철언니를 따라 몇 번 뵌 적이 있어 마음으로는 반가웠다. 우리 일행은 법사님들이 계시는 곳 가까이 갔다. 한참 담소를 나누고 계셨던 법사님들께서는 우리 열다섯 명을 의아한 눈빛으로 바라보셨다. 나는 우리 모두를 인사시켰다. 법사님들께서는 합장한 모습으로 우리들이 어디에서 왔는지 궁금해 하는 눈길이었다. 다행히 종법사님께서는 나를 알아보셨다. 나는 웃음을 함박 머금고 종법사님 가까이 가서 두 손을 합장하고 경건한 마음으로 인사를 깊이 했다.

종법사님께서 반가워하시며 어쩐 일이냐고 물으셨다. 나는 이제껏 우리가 했던 모든 일을 다 말씀드렸다. 고개를 끄덕이시는 종법사님은 웃음이 가득한 얼굴빛이었다. 나는 열다섯 명을 바로 옆에 있었던 성탑 앞에 세워놓았다. 종교는 다르지만 오늘만은 로마법을 따르라고 말했다. 모두 손을 합장하고 절을 정중히 하라고 일러주었다. 그 모습을 바라보고 계시던 종법사님께서는 기쁜 얼굴빛을 내비치셨다.

한 친구가 넓고 너른 운동장 쪽을 가리키며 저기 가서 방울치기하고 놀다 가면 안 될까 하고 말을 했다. 한 친구가 덩달아 좋아하며 종법사님께 승낙을 받아보라고 말문을 열었다. 그 소리를 듣는 순간 막상 용기가 나지 않아 한참을 망설였다. 철없는 소녀처럼 종법사님 앞에 가까이 다가가서 "법사님!" 하고 어리광스럽게 말했다. 종법사님께서 환한 얼굴빛으로 "오! 그래 말해 보거라." "저요, 저기 있는 친구들이 운동장에서 방울치기를 하며 놀고 가자고 하는데요. 하면 안 되나요?" 하고 말씀을 드리고 나서 몸 둘 바를 몰라했다. "응! 되고말고." 하시면서 쾌히 승낙을 하셨다. 그 소리를 가까이 서서 듣고 있던 한 친구가 있었다. 모여 있는 친구들에게 달려가서 승낙을 얻어냈다고 큰 소리로 외치며 막 뛰어갔다. 그때가 삼십대 초반인 우리 열다섯 명은 고삐 풀린 망아지처럼 초원을 달리듯 넓은 운동장 쪽으로 달려갔다.

운동장은 아직 공사가 제대로 되어 있지 않았다. 울퉁불퉁한 곳이 있는가 하면 어느 곳은 작은 웅덩이처럼 푹 들어간 곳도 있었다.

우리는 그곳에서 네모 반듯한 곳을 골랐다. 잔디도 좀 있는 곳이라 방울치기 하기에 알맞은 장소 같았다. 여러 사람의 손수건을 모아 돌돌 말아서 공처럼 만들었다. 열다섯 명을 양편으로 나누었다. 일곱 명으로 두 편을 나누고 보니 한 명이 남았다. 가장 연약한 친구 한 명을 심판으로 세워 놓았다. 우리는 총부 안에 무슨 일이 있는 줄도 전혀 모르고 즐거움에 빠져 그저 좋아서 날뛰며 방울치기를 했다. 넓고 너른 하늘밑 운동장에서 정신없이 방울치기를 하며 총부가 떠나가라고 웃었다. 오랜만에 자유를 만끽하는 기분이었다. 우리들이 이처럼 사심 없는 마음으로 뛰어놀고 있는 것을 말없이 바라보고 계셨던 법사님들께서는 무슨 생각을 하셨을까? 지금에 와서 생각하니 죄송한 마음뿐이다. 총부 안에 법 높으신 분이 열반을 하셨다는 소리를 뒤늦게야 듣고 송구스러웠던 마음 금할 길이 없었다.

언니와 휘파람 소리

휘파람 소리가 가을 달밤에 사랑의 세레나데로 살며시 창가에 와 닿을 때면 아버님은 헛기침을 하며 뒷짐을 지시고 뜰을 배회하셨다.

딸이 여섯이나 되는 우리 집은 딸 부잣집이리고 불리었다. 남녀가 유별했던 시대에 어쩌다 동네 사람들의 입에라도 오르면 금세 소문이 파다하게 나돌았다. 아버님께서는 딸들이 많다 보니 행여 그런 일이 생길까 봐 감시를 소홀히하지 않으셨다. 그런 속에서도 언니는 남몰래 열애를 하였다.

석양노을이 담쟁이넝쿨에 채색무늬를 이루고 있을 무렵이었다. 담 너머로 작은 돌멩이 하나가 넘어왔다. 돌멩이에는 하얀 종이가 매달려 있었다. 언니와 교제하던 남학생의 편지였다. 마당에 돌 떨어지는 소리를 들은 아버님께서는 퇴창문을 열고 고개를 내미셨다. 순간 잽싸게 달려와 편지를 집으려 했던 언니는 경기를 일으킬 만큼 놀라 편지를 집지 못했다. 언니는 그 일로 몇 날을 학교에도 가지 못하고 종일토록 집안일을 해야만 했다.

주위를 맴돌던 그 학생이 심부름을 하고 오는 내게 쪽지편지를 주며, 언니에게 전해 달라고 부탁했다. 난 그 쪽지편지를 언니에게 잘 전해주었다. 편지를 읽던 언니의 얼굴빛은 잘 익은 능금처럼 발그레지면서 수줍음을 감추지 못했다. 그 뒤로 매번 편지를 내미는 그 학생한테 나는 간혹 아버님을 핑계삼아 거절도 했다. 그럴 때면 그 학생은 재빠르게 사탕봉지를 내 손에 꼭 쥐어주며 은밀히 다독여 주었다. 나는 못이기는 척 편지를 전해주곤 했다.

어느 날인가 휘파람 소리가 낙엽 지는 가을 찬바람 속에 머물며 애끓는 듯 청아하게 들려왔다. '가랑잎 데굴데굴 어디로 굴러가요. 발가벗은 이 몸이 춥고 추워서 따뜻한 부엌 속을 찾아갑니다.' 하는 동요였다. 휘파람 소리가 어찌나 멋있는지 나는 그 주인공이 누구일까 궁금했다. 그런데 언니의 표정이 이상했다. 사랑에서 오는 느낌으로 언니는 이미 알아차리고 있었던 모양이다. 나는 그때서야 휘파람 소리의 주인공을 눈치챘다. 언니는 평소에 짠순이로 유명했다. 그런 언니가 얼마나 다급했던지 숙제를 하고 있는 나한테 다가와 어떤 요구도 다 들어 줄 테니 밖에 나가서 그 학생이 와 있는지를 알아보라고 부탁하는 것이었다.

전화가 흔치 않던 시절이라 통신수단은 편지나 쪽지, 휘파람 소리 같은 것이 고작이었다. 지금처럼 삐삐나 핸드폰, 피시통신에 인터넷까지 고도로 발달되어 있지 않아 그 시절의 연락방법은 그럴 수밖에 없었다. 그 뒤로도 휘파람 소리는 가끔씩 들려왔다.

몇 달째 들려오는 휘파람 소리에 아버님은 이내 눈치를 채셨다. 하루는 결심을 하셨던지 대문 뒤에 숨어 망을 보셨다. 그 학생은 열려 있는 대문 안을 기웃거리다가 그만 아버님께 목덜미를 붙잡히고 말았다. 나는 언니에게 달려가 당장 소식을 전했고 언니는 안절부절못하며 집에서 쫓겨날 것이라고 사시나무 떨 듯 떨었다.

나는 아버님께서 거처하는 방문의 유리를 통해 상황을 낱낱이 살펴보았다. 무릎을 꿇고 있는 남학생에게 아버님은 나지막한 목소리로 우선 족보부터 물으셨다. '양반의 자식으로서 하라는 공부는 하지 않고, 밤마다 처녀들이 있는 집 주위를 돌며 휘파람이나 불면 안 된다.'고 말씀하셨다. 또 이어서 '우리 집 딸들에 대한 품행을 동네 사람들이 어떻게 생각하겠느냐.'고 주의를 주며 꾸중을 하시는 것이었다. 그렇지만 생각보다 심하게 대하시지 않아 나는 조금 안심이 되었다.

그런 일이 있어도 그 남학생과 언니는 계속 열애를 했다. 세월이 흘러 이제 언니와 그 학생은 평생을 같이 가야 할 동반자로서 부부의 연을 맺었다. 언니를 꼬드기기 위한 휘파람 소리는 결국 한 가정을 행복의 요람으로 만드는 단초가 되었던 것이다.

나는 가을이 오면 젊은 학생 때의 형부 모습을 떠올려본다. 형부의 멋진 휘파람 소리가 귓가에 들리는 것 같아 슬며시 미소가 지어진다.

여고 시절의 우정

햇살이 평화스럽게 교정에 내려쪼이고 있다. 하얀 벚꽃은 창 너머로 눈발처럼 봄바람에 휘날리고, 버드나무에서는 뻐꾸기의 노랫소리가 청아하게 들려왔다.

4교시 수업 끝을 알리는 종이 울렸다. 점심 도시락을 여는데, 누가 귀에 대고 '언니' 하고 가만히 부르는 소리가 들렸다. 같은 반 아이들끼리도 마음 맞는 사람이면 나이를 따져 '언니, 동생.' 하고 부르는 것이 유행할 때였는데, 바로 옆자리에 앉은 혜련이었다. 나를 부른 혜련이는 내게 얼른 양호실에 가보라고 말했다.

급히 뛰어가 양호실 문을 두드렸는데 아무런 반응이 없다. 가만히 문을 열자 누구인가가 침대에 이불을 둘러쓰고 누워 있다. 조심스럽게 접근해 가자 갑자기 침대보를 얼굴에서 걷었다. 복영이었다.

누워 있던 복영이는 나를 보자 반사적으로 몸을 일으키며 '기다리고 있었는데 이제 왔느냐.'면서 화난 표정을 지었다. 미안한 마음으로 망설이며 머뭇거리자 복영이는 상기된 얼굴로 나를 뚫어지게 바라보았다. 그러다가 예쁘게 포장된 물건을 던져주고 양호실 밖으로 뛰쳐나갔다. 교실로 들어오자, 아이들의 시선이 내 쪽으로 오는 것 같았다. 괜히 얼굴이 따갑고, 후끈거렸다.

방과 후 아무도 없는 교실에 남아 복영이가 준 물건을 펴보았다. 한용운 씨의 시집이었다. 책갈피 속에 쪽지가 있었다. '이렇게 될 줄 알면서도 당신이 무작정 좋았습니다.'라는 서두로 시작하는 나를 좋아한다는 내용이 적힌 그녀의 마음을 전하는 쪽지였다. 나는 그 편지 한 장 때문에 그날, 어둠이 교정에 깔리는 시간까지 혼자 서성거리다가 무거운 걸음으로 집에 돌아왔다.

그 뒤로 복영이는 학교에 오지 않았다. 우리 반 아이들은 우리 둘 사이를 화제로 올렸고, 알고 보니 교무실에서까지도 그 일을 알고 있었던 모양이었다.

학교의 심부름하는 아이가 내게 '점심 시간에 은행나무 밑 벤치로 나오너라 —주금동'이라는 글귀가 적힌 쪽지를 주고 갔다. 주금동 선생님은 내 마음에 항상 자리잡고 있는 존경하는 선생님이다.

점심 시간이 되어 은행나무 밑에서 선생님을 기다렸다. 선생님은 여느 때보다 심각한 표정으로 내 쪽을 향해 걸어 오셨다. 선생님은 벤치에 앉자마자 '복영이가 학교에 많이 빠지고 있는데, 그

이유를 아느냐.'고 물으셨다. 나는 새침하게 앉아 침묵으로 일관하였다. 그러자 '복영이가 절에서 요양하고 있으니, 시간이 나는 대로 찾아가 보거라.'고 점잖은 목소리로 말씀하셨다.

반에서 복영이와 친한 친구 몇을 데리고 일요일날, 그 절에 찾아갔다. 사월 중순이지만 산바람은 차가웠다. 꽃샘바람이었다. 산길을 따라가며 꽃을 꺾어 들고 노래를 부르며 나들이를 가는 듯, 복영이에 대한 이야기는 되도록 피했다. 절 문 앞에 당도했을 때, 해는 이미 중천에 떠올랐다. 절 마당에는 철쭉꽃이 무더기로 피어 우리들을 마중하는 듯했고, 산새는 나뭇가지를 오가며 황조가를 부르고 있었다.

일행 중 한 아이가 재빨리 안으로 들어가 복영이를 불렀다. 문을 열고 고개를 내민 복영이는 나를 보더니 놀란 표정으로 고개를 도로 넣으며 방문을 닫아 버렸다. 같이 갔던 친구들이 '영자언니 왔다.'고 다시 큰 소리로 부르자 방문이 열렸다. 복영이는 머리며 옷매무새를 고치고 우리를 무거운 얼굴로 맞이했다.

"학교까지 빠지고 여기에서 너, 무엇하고 있는 거니? 설마 공부하기 싫어서 그런 건 아니겠지?"

화난 말투로 말해야겠다고 생각했지만 복영이를 보는 순간 눈물이 솟구치면서 말문이 막혀버렸다.

우리들이 이야기를 하고 있는 동안 복영이는 손수 밥을 해 가지고 들어왔다. 밥을 먹고 나서 후식으로 과일을 가져와 깎는 복영이한테 어디 아프냐고 다정하게 물었다. 그러자 순덕이가 참지 못하고 '주금동 선생님이 그러시는데 복영이는 마음의 병이랬어. 그러니까 영자언니가 잘해 주어야 낫는 병이래.' 하며 입을 여는 것이다.

"그럼 내가 어떻게 해주어야 병이 나을 수 있니?"

내가 묻자 복영이는 얼굴을 붉히면서 과일만 깎았다.

"영자언니를 좋아하니까 그렇지. 언니가 가끔 먹은 점심 도시락도 내가 준 것이 아니고, 복영이가 언니 책상 속에 넣고 오라고 시킨 거야."

옆에 앉아 있던 혜련이가 말을 하고 나서 복영이와 나를 번갈아 보며 연신 눈치를 살폈다.

처음 듣는 말이었기 때문에 그 말을 들은 나는 어이가 없었다. 감수성이 예민한 나로서는 너무 황당해서 도저히 감당하기 어려울 정도였다.

우리는 시간이 다 되어 절을 나섰다. 하늘에는 벌써 초승달이 살짝 나와 있었다. 노을과 산자락의 풍경은 한 폭의 산수화 그림처럼 아름다웠다.

그 뒤 복영이는 학교에 잘 나왔다. 학교에 다니면서도 복영이는 늘 내가 어디에서 무엇을 하고 있는지 잘 알고 있었다. 말없이 찾아와 바라보곤 했다. 복영이의 눈동자는 항상 그리움에 가득 차 있는 것 같았다.

졸업 후, 어느 날, 석양이 물들 무렵 주금동 선생님께서 나를 데리고 복영이네 집에 찾아갔다. 논밭길을 지나 조롱길을 따라 걸어가니 집이 나왔다. 복영이는 어머니가 안 계시고 아버지와 단둘이 살고 있다는 것을 나는 그때야 알았다. 복영이는 많은 정에 굶주려 그렇게 마음의 병을 앓았던 모양이었다. 그런데도 나는 미처 헤아리지 못했으니 부끄럽기만 했다.

세월이 흘러 복영이도 나도 결혼을 했다. 시집가서 복영이는 아주 잘 살고 있다. 지금도 어쩌다 내게 전화를 건다. 우린 가끔 그때의 이야기로 웃곤 한다. 시간이 지나 나이가 들어 늙었어도 나에 대한 복영이의 우정은 변함이 없다.

인두

옷을 만들 때 사용하는 인두는 아낙네들만이 소유했던 물건이다. 자그마하게 생긴 이 물건은 주로 안방의 벽에 걸려 있거나 화롯불 옆에 놓여 있었다. 바느질을 하는 마님들의 사랑을 듬뿍 받으며, 긴 세월 옷에 대한 문화의 꽃을 피우는 데 큰 역할을 했다.

인두가 쓰여질 때마다 궁합처럼 따라다니는 인두판은 여인들이 무릎 위에 올려놓고 사용했다. 예전 여인들은 낮엔 종일토록 쉴새없이 일을 하고, 밤이면 삼경이 될 때까지 호롱불 밑에서 옷을 만들었다. 옷을 만들면서 인고의 세월을 주름진 얼굴에 감추고, 가슴속의 아픔은 인두질로 달래었다. 여인들은 그만큼 인두에 정을 쏟았다. 이제나저제나, 사랑채에서 혹은 멀리 떠났다 돌아오는 임을 그리며, 밤마다 옷감을 매만지며 인두질을 하는 여인들의 모습은 서럽도록 아름다웠다.

인두는 규수들이 시집갈 때 꼭 챙겨야 했던 혼수품 중의 하나였다. 인두자루에 예쁜 헝겊으로 고리를 만들어 인두판과 함께 벽에 걸어 놓으면 방안 인테리어로서도 한 몫을 단단히 했으며 신부의 방이라는 것을 알리는 표적이기도 했다. 저고리 동정을 달 때는 화롯불에 박아놓았던 인두를 제일 먼저 뺨으로 가져갔다. 뜨거움의 정도를 알기 위해서 뺨에 가져간 것이 때론 실수로 얼굴에 닿아 화상을 입기도 했다.

내가 시집가서 한 달가량 되었을 때였다. 하루는 시어머님께서 저고리에 동정을 꿰매보라고 하시면서 장롱 안에 있던 시아버님 옷을 꺼내어 놓으셨다. 난생처음으로 꿰매는 저고리 동정이라 가슴이 두근거리기 시작했다. 진땀을 빼며 최선을 다했지만 제대로 달지 못했다. 화롯불에 달구어진 인두를 확인할 겨를조차 없이 저고리 동정을 문지르다가 그만 노랗게 인두자국을 내고 말았다. 나는 어떻게 하면 좋을지 몰라 당황했다. 다행히 시어머님께서 그 일을 문제삼지 않았지만 그때 일만 생각하면 지금도 시아버님께 죄송하다.

내가 여고생이었을 때는 검정 교복에 하얀 칼라가 생명이었다. 새하얀 칼라를 다림질할 때면 가끔 불똥이 튀어 칼라에 흠집을 내었다. 그때마다 다시 물속에 집어넣어 깨끗이 빨아 풀을 하고 다림질을 다시 할 수밖에 없었다. 그 일이 얼마나 불편하고 고생스러웠는지, 한 번씩 겪어본 여학생들은 다림질을 할 때마다 조심하면서도 신경이 몹시 날카로웠다.

불똥이 튀지 않게 다림질할 수는 없는 것일까.

나는 곰곰이 생각해 보았다. 그러다가 어머님이 저고리의 동정이나 앞섶을 인두로 다림질하는 것을 보게 되었다. 인두로도 칼라를 다림질할 수 있겠다는 생각을 하고 시행했더니 곱게 다림질이 되었다. 그 이후로는 인두를 사용하였고, 마음도 한결 가벼웠다. 인두는 사용하기 편해서 아주 그만이다.

그런 인두가 서양문명이 들어오면서부터 서서히 자취를 감추었다. 전기 다리미는 불똥을 튀기는 일도 없다. 전기 코드만 꽂으면 되니, 화롯불을 지펴야 하는 인두보다 쓰기가 간편했다. 그러니 끝 마무리를 고고하게 또는 매끄럽게 해주었던 인두가 사라지게 된 것이다. 지금은 어느 고물상이나 박물관에서만 볼 수 있게 된 것이 정말 아쉽다. 우리 조상의 얼이 담긴 소중하게 쓰여졌던 것들이 하나둘 자취를 감출 때마다 가슴 저미게 아쉽다.

마음을 청아하게 만들어줄 수 있는 것으로는 종교가 있고, 옷을 구김살 없이 예쁘게 마무리해주는 것으로는 일상에서 빼놓을 수 없는 인두가 있었다. 작은 것이 큰 물건을 만들 때 쓰여진다는 것은 큰 교훈이 아닐 수가 없다.

하지만 역사의 수레바퀴를 따라 어떤 것은 소멸되고 어떤 것은 쓰임이 미미해진다. 꼭 물건만이 아니다. 사람도 때가 되면 사라져 가는 것이 자연의 이치일 것이다. 인생에서 가고 오는 것은 당연한 순리인데도 왠지 모르게 마음이 숙연해진다.

인두처럼 나도 소임을 다하고 살다가 사라질 것인지, 다른 사람들이 내가 인두처럼 모든 것을 곱게 마무리했다고 생각해 줄 것인지, 남은 내 생을 반추해 본다.

옷

나는 옷에 매우 신경을 쓰는 편이다. 내실을 기하는 만큼 외모에도 관심을 갖는데 특히 옷을 입을 때 더 마음을 쓴다.

우리가 의식주 중에 입는 것을 제일 앞자리에 내놓는 것만 봐도 우리나라는 역사적으로 의관을 중요시하여 체면을 세우지 않았나 싶다. 한 끼니 굶는 것은 모르지만 남루한 옷은 남의 눈에 먼저 띄기 때문에 옷에 대해 신경을 많이 쓴 것 같다. 나 역시도 같은 옷을 입더라도 어떻게 매치를 시켜야 남들에게 좋은 인상을 줄까 하는 마음으로 옷차림을 궁리한다.

옷을 잘 입기 위해서는 우선 옷을 잘 구입해야 한다. 메이커 옷은 세일 기간을 이용해 고르면 아주 저렴하게 좋은 옷을 장만할 수 있다. 세월 따라 천이나 디자인이 변해도 영향을 덜 받는 무난

한 그런 옷을 고르는 게 좋다.

나는 색채나 모양새를 주로 보고, 거기에다 바느질에 신경쓴다. 비싼 옷보다 약간 값이 싸더라도 고급스러워 보이는 옷을 고른다. 철 따라 몇 년에 한 벌씩만 장만한다 해도 나이 오십이 넘으면 옷장이 가득하게 된다. 그렇게 옷을 잘 고르게 되면 오래전에 장만한 옷도 유행이 지났다고 해서 버리는 일이 없이 언제나 새옷처럼 입을 수 있다. 그 옷의 색상에 따라 액세서리 장식을 한두 개 하면 한층 고급스러운 차림이 되는 것이다.

남들은 내가 옷에 투자를 많이 한다고 생각할는지도 모른다. 활동을 많이 하는 편이라서 여러 벌의 옷을 때와 장소에 맞게 갈아입고 다니기 때문이다. 그러나 내 옷들은 다 오래된 옷이고 잘 간수해서 입기 때문에 돈이 많이 들지는 않는다. 다양한 액세서리와 머플러, 또는 브롯지나 목걸이 등으로 변형하여 나름대로 신경써서 입기 때문에 그렇게 보일 것이다. 그래선지 남들은 내게 항상 옷을 새로 마련해 입었느냐고 묻는다. 그렇지만 나는 새옷이 거의 없다. 내가 입는 옷들은 대개 십여 년 이상 된 옷들이다. 내겐 삼십 년 된 옷도 있고, 이십 년 된 옷도 있고, 십 년 된 옷도 있다.

그런 오래된 옛날 옷을 입고도 칭찬을 받은 적이 있다.

어느 날인가, 색깔에 맞추어 액세서리를 하고, 이십 년이 지난 옷을 입고 나들이를 했다. 그런데 '그 옷에 액세서리가 조화를 잘 이루어 젊게 보이고 귀부인답다.'고 사람들이 칭찬을 해주었다.

마침 수필 신인상을 받기 위해 서울로 가야 할 때여서, 사실 나는 그때 입을 옷을 오랜만에 고급스러워 보이는 옷감으로 한 벌 잘 맞추어 놓았었다. 그런데 이십 년이나 지난 그 옷이 제일 멋지다는 것이 아닌가. 그 바람에 육천 원 주고 샀던 그 옷을 입고 시상식에 참석했던 것이다.

하도 오래된 옷이라서 나는 시상식에 갈 때도 신경을 많이 썼다. 멋진 액세서리를 골라서 했고, 옷 색깔에 가까운 테두리의 안경을 골라서 썼다. 아니나 다를까. 많은 사람들로부터 근사하고 멋있다는 말을 들었다. 옷을 입을 때는 아무 생각없이 입는 것보다, 남에게 더 멋지게 보이도록 신경을 써서 입는 것이 좋지 않을까 싶다.

나는 옷을 세 종류로 구분하여 입는다. 집에서 일할 때 함부로 마구 입는 옷, 그 다음 이웃이나 시장에 갈 때 입는 보통 옷, 나들이나 어느 모임 장소, 또는 파티나 하객으로 갈 때 입는 좀 고급스런 옷으로 구분한다.

한 번은 이런 일도 있었다.

집에서 열심히 일을 하고 있는데 초인종이 울렸다. 일을 하다 말고 그대로 무심히 나갔더니 우리 집 양반을 찾아온 분들이었다. 그분들이 "이집 사모님은 어디 가셨어요?"라고 묻는데 순간 나는 몹시 당황하였다.

"아, 사모님은 지금 시장에 가셨는데요. 무슨 볼일이 있으시면 한 시간 후에 오세요."

하고 임기응변으로 넘겼다.

그분들이 가고 난 다음, 들어와 거울 앞에 서서 내 꼴을 보면서 나도 깜짝 놀랐다. 그분들이 나를 일하는 아주머니로 착각할 만도 했다. 다 낡은 반바지에 티셔츠를 입고 머리는 흐트러질 대로 흐트러지고 얼굴에는 무엇이 묻어 있는지 꼴이 말이 아니었다. 아닌 게 아니라 그런 허름한 옷을 입고 형편없는 차림을 하고 있는 내가 사모님이라고는 상상도 못했을 것이라는 생각이 들었다. 그렇다고 부끄럽다는 생각은 들지 않았다. 나는 모든 것을 절약하며 사는데 특히 육십이 넘은 이 나이까지 파출부를 쓰지 않는다. 대신 그만큼 일한 보수를 남편으로부터 받고 있다.

그렇게 일할 때야 멋을 낼 필요가 없다. 좋은 옷을 입고, 멋을 내고서야 어떻게 마음놓고 일을 한단 말인가. 옷도 때와 장소에 따라 입어야 진정한 멋쟁이가 아니겠는가. 앞으로도 나는 옷을 입을 때 계속 남에게 멋있게 보이도록 신경을 써서 입을 생각이다.

4부

다듬잇돌

다듬잇돌 | 가슴에 머물러 있는 친구 | 여고 시절의 교장선생님
내 한 마음 돌려보면 | 고모님 | 가을의 단상
바가지 | 살구나무 | 공원길 | 새댁

다듬잇돌

다듬이질 속에는 계절이 들어 있다. 가을이 오고 있음을 알리는 전령사이다. 먼발치에서 들려오는 소리 속에는 깊숙한 생활상이 그려져 있으며 화합을 이루는 리듬이 깔려 있다.

예전엔 애경사를 비롯해서 평상시의 옷감들까지 크고 작고 간에 다듬잇돌에 다듬이질을 했다. 내가 젊었을 당시에도 옷들을 그렇게 다듬질해 만들어 입던 문화가 있었다. 몇 날 며칠, 다듬질 소리가 계속 어떤 집에서 들려오면 청첩장이 없는 시절이었지만 벌써 그집에 경사가 있다는 것을 동네에선 이미 알게 되었다. 첫 제사가 있는 집에서는 먼 친척들이나 가깝게 지내는 친지들을 위해 이불 홑청을 밤낮으로 두들겨, 깨끗한 이부자리를 손님을 맞기 위해 준비했다. 다듬이 소리를 듣게 된 아랫마을 윗마을 사람들은 작년에 그집에 초상이 있었던 기억을 되살리며 탈상 때가 돌아옴을 알았다.

내가 시집가서 일 년이 채 안 되어 큰시누이를 시집보내야 했다. 주야장천 다듬잇감을 갖고 살아야 했던 절박한 시절이었다. 도회지에서 아무것도 할 줄 모르고 시집간 나에게는 큰 걱정거리였다. 한 번도 다듬잇돌 앞에 앉아 본 적이 없는 나는 '어떻게 하면 좋을까?' 잠을 이룰 수 없을 만큼 고민에 빠졌다. '에라 모르겠다. 될 대로 되라지. 흉을 잡혀도 할 수 없지.' 생각하면서도 나는 이번 기회에 열심히 배워야겠구나 다짐했다. 그렇게 속마음을 달래어보니 좀 편안해지는 기분이었다.

마을 어귀마다 코스모스가 한창 피어 하늘거리고 초가 지붕 위에는 빨간 고추를 말리려고 널어놓았다. 먼발치에서 보면 집집마다 지붕 위에 고추들이 꽃 장식을 한 듯 가을의 아름다움을 보여주었다.

혼삿날을 며칠 앞둔 어느 날, 시어머님께서는 대청마루에 다듬잇돌과 방망이 네 짝을 챙겨놓았다. 시어머님께서 먼저 시범을 보이려는 듯이 시누이와 마주앉아 이불홑청을 놓고 두들기기 시작했다. 흥겨운 소리는 점차 듣기 좋게 맞아 가고, 멀리까지 퍼졌다. 시누이의 혼사를 알리는 첫 신호였다. 한참 두들기더니 방망이를 내려놓고, 홑청을 다시 펴 이리저리 손질한 다음, 다듬잇돌 위에 두어 번 쳐서 잘 펴놓았다. 무슨 볼일이 있으셨는지 시어머님께선 나를 그 자리에 앉혀놓고 일어나셨다. 완전히 기가 꺾인

상태에서 방망이를 잡았다. 나는 얼굴이 벌겋게 달아올라 숨을 가쁘게 몰아쉬며, 순간 긴장이 되었다. 어떻게 두들겨야 시누이와 잘 맞추며 다듬잇살이 오르도록 해낼 수 있을까 내심 신경이 쓰였다. 방망이를 들고 다듬작거리다가 내 방망이끼리 자꾸만 부딪쳤다. 그 소리는 개암을 깨뜨리는 것같이 귀가 따가울 정도였다. 좀 배워서 시집올 것인데, 하는 무척 아쉬운 생각이 들었다.

불편한 마음을 지우지 못하고 쑥스러워하고 있을 무렵, 밖에 나갔다가 들어오신 시어머님께서 "일이란 선생이 없이도 배우는 거다. 누구든지 뱃속에서부터 배워 가지고 나온 것은 아니다. 너도 자꾸 하다 보면 누구 못지 않게 잘할 수 있을 것이니 너무 염려하지 마라."고 위로의 말씀을 해주셨다. 점심때가 되어 시어머님과 시누이 밥상을 차려 드리고 잡수시는 동안에 틈을 내어 연습했다. 연습을 거듭거듭 시도한 끝에 다므륵거리는 소리만은 겨우 면했다. 자꾸 하다 보니 익숙해지고 자신감도 생겼다. 그 속에서 이루어지는 리듬과 조화를 자아내어 칭찬을 들으며, 가족의 우애와 기쁨으로 다듬이질이 손에 익어갔다.

며칠째 눈만 뜨면 만져지는 혼수감으로 인하여 팔이 아프기 시작했다. 통증이 심해지면서 더 이상 두들길 수 없게 되었다. 어느 정도 익혀 적바르다고 생각되면 여러 사람 앞에 내보이려 했는데 참을 수 없이 몸이 많이 아프고, 급기야 몸살이 났다. 그 집안의 며느리로 하여금 성쇠가 가름되어진다고 생각한 나는 나 한 사람이 지극 정성을 다하면 평화로운 삶으로 이어가겠지 하고, 마음으로 최선을 다하려는데 몸이 도저히 말을 듣지 않았다. 그만 몸져 눕게 되자 시어머님과 시누이한테도 많은 걱정을 끼쳐드렸다. 뵈올 면목이 없는데도 시어머님께서는 "딸 시집 보내다가 우리 며느리 몸 축내겠다."고 하시며, 모든 일을 하지 못하게 하셨다.

그간 시집에 와서 적시적지의 계기가 없었던 관계로 서먹하게 살아가던 차였다. 이참에 시누이를 여의살이하면서 더 가까이 다가설 수 있었던 우리 집의 웃음꽃은 나에게 더할 나위 없는 행복한 바람이었다. 아가씨를 위해서라면 내가 할 수 있는 모든 일을 아끼지 않고 무엇이고 깡그리 다해 보내고 싶은 심정이었다. 시어머님께서도 그런 내 노력을 인정해주는 것 같아 편안한 마음으로 함께 합류하여 살아가는 데 한결 부드러운 가족이 되었다. 나도 모르는 사이에 새록새록 젖어들었던 정이 시집가는 시누이를 바라보는 순간 서운한 마음에 눈시울이 자꾸만 뜨거워졌다. 눈치를 채신 시어머님께서 내 손을 꼭 잡아주시며 다정한 얼굴로 대해주셔서 가슴이 뭉클했다.

언제나 넓고 큰 가슴으로 나를 안아주며 사신 시어머님께서 생전에 나에게 물려준 다듬잇돌과 학독*, 아주 커다란 항아리가 있다. 시집에서 귀염을 받으며 살아갈 수 있도록 만들어준 물건들이기에 지금도 보물처럼 아주 소중하게 보관하고 있다.

다듬잇돌은 내 집 안방 장롱 밑에 자리하고 있다. 나는 그 다듬

---

* 학독 — 김치 담을 때 고추나 마늘을 가는 돌.(전라도 방언)

잇돌을 가끔씩 끌어당겨 만져본다. 손으로 먼지를 쓸어내릴 때마다 시어머님의 가슴을 어루만지는 듯하여 컥컥 그리움이 북받쳐 오르고, 다듬잇돌을 볼 때마다 또 눈물이 목을 메이게 한다.

나는 그 속에서 피어났던 우리 가정의 사랑은 아름다운 장미꽃에 비할 바가 아님을 늦게야 깨달으며 살아가고 있다.

가슴에 머물러 있는 친구

창밖에 비바람이 불 때마다 추억은 내 마음에 나래를 폈다. 마냥 좋아했던 친구를 아쉬움 속에 보내야만 했던 슬픔이 맴을 돌게 한다.

남다르게 우정이 깊고 마음속에 깊이 맺혀 잊을 수 없는 정을 돈독히 했던 나와 달순이는 견권지정이라 할 정도로 매우 친하였다. 굵지만 짧았던 그와의 만남에 가슴이 저려올 때마다 나는 조용히 눈을 감는다.

어느 해 초여름 날이었다. 놋날 같은 빗줄기는 천둥번개를 동반하여 왜 그리도 줄기차게 퍼부었는지 모른다. 1교시가 막 끝난 후 신주머니를 황급히 찾아들고 화장실에 가려고 교장실 앞을 지나던 참이었다. 낯선 한 소녀가 종이우산을 든 채 긴장된 모습으로 누군가를 기다리고 있었다. 하얀 블라우스에 검정 주름치마를 입었는데 나의 시선은 순간적으로 소녀의 발에 가서 멈추었다. 아직 때가 묻지 않은 새하얀 운동화가 그렇게 인상적이었다.

나는 화장실에 다녀오면서 눈으로 그 소녀를 찾아보았다. 꼭은 그 자리에 그대로 있으려니 했는데 없었다. 2교시 시작종이 울렸다. 교실에 들어온 선생님 뒤에 낯선 그 아이가 바짝 뒤따라 들어오는 게 아닌가. 그 소녀에게로 우리 모두의 시선이 쏠렸다. 시끌벅적대던 교실 안이 삽시간에 고요해졌다.

선생님이 그 아이 소개를 하였다. 시골에서, 아버지의 사업관계로 우리 학교에 전학 오게 되었다고 했다. '유달순'이라는 이름을 칠판에 크게 써놓았다. 선생님은 내 옆자리에 앉은 친구를 뒷자리로 옮겨 앉으라 하고 달순이를 내 짝꿍이 되게 해주셨다.

놋날 같던 빗줄기가 언제 그쳤을까? 창밖의 파란 하늘 저쪽으로 눈물어린 쌍무지개가 떴다. 나는 그 쌍무지개를 달순이에게 보여주고 싶었다. 나는 달순이의 눈을 쳐다보며 살며시 손을 들어 쌍무지개를 가리켜 보였다. 그때, 달순이의 얼굴에 떠오른 환한 미소며 작은 꽃송이처럼 폭 패인 양볼의 보조개가 어찌 그리도 아름다웠던지…….

그로부터 우리는 눈만 뜨면, 학교생활에서 시작하여 어느 때 어디에 가든 꼭꼭 붙어 다녔다. 달순이는 가끔 푸른 하늘을 하염없이 바라보곤 했다. 허공을 자유로이 나는 새가 되고 싶다고 입버릇처럼 말하는 달순이의 눈빛엔 이름 모를 우수가 깃들곤 했다. 하얀 찔레꽃 내음이 풍기는 언덕에 앉았을 때도, 행운을 찾아 준다는 네잎클로버 찾기에 정신을 빼앗기고 있을 때조차도 그러했다.

중학교 1학년 때 6·25사변이 일어났다. 알퐁스 도데가 쓴 ≪마지막 수업≫처럼 우리도 마지막 수업을 하였다. 전쟁이라는 단어는 우리에게 공포를 안겼고 부모형제들과도 헤어지는 피난살이를 하게했다. 더더욱 슬프고 괴롭게 하는 것은 잠시라도 헤어져 살 수 없었던 달순이와의 결별이었다. 다행스럽게도 우리는 같은 마을은 아니지만 같은 면소재지의 아랫마을, 윗마을로 피난을 가게 되었다. 두메산골에 자리한 고모네 집에서 나하고 내 남동생이 피난살이를 하게 됐고, 달순이는 들녘의 아래쪽인 명덕마을에서 피난살이를 했다.

병풍처럼 아늑하게 둘러싸여 있는 산자락은 물안개로 얼굴을 가리고 있을 때가 많았다. 오빠와 새언니는 으레 아침을 알리는 수탉의 울음소리를 듣기 전에 품앗이를 나가 논밭으로 뛰어다녔다. 뒤늦게 고추밭으로 일하러 고모마저 집을 나가고 나면 텅 빈 집에 잠을 자고 있는 조카 녀석하고 나만 남았다.

녀석은 배만 부르면 극성스런 파리 떼에 시달리면서도 곧잘 잠을 잤다. 하지만 배만 고프면 온갖 생떼를 쓰며 울어댔다. 그치지 않는 거대하고 우렁찬 울음소리로 두메산골의 적요와 적막을 마구 뒤흔들었다. 급기야 나는 숨 넘어갈 듯이 울어대는 녀석을 들쳐업고 조롱길을 따라 나섰다. 새언니를 찾아 먼 들녘을 향해 걸으며 이리저리 한참을 헤맸다. 배부르게 젖을 먹고 난 녀석은 또 다시 순한 양이 되었다.

배만 부르면 곧잘 노는 녀석을 방에 뉘어 놓고 나는 부엌으로 갔다. 시렁에 얹어 놓은 양푼을 내려 꽁보리밥에 고추장을 넣고 먹음직스런 비빔밥을 만들었다. 한 숟가락 입안에 떠 넣는 순간 웬일일까? 울컥 눈물이 치솟고 목이 메었다. 생각하자니 엄마 아빠가 너무 보고 싶고 달순이도 보고 싶었다. 눈물이 팽그르르 떨어지자 밥그릇을 팽개쳤다.

누워서 두 발을 잡고 옹알이를 해대는 녀석을 등에 업었다. 아랫마을 들녘에 있을 달순이를 찾아가기로 한 것이다. 나의 생각 속에서 한동안 비껴 있었던 달순이다. 달순이는 왜 이제야 온 것이냐며 연방 눈물을 보였다. 우리는 들녘을 지나 근처의 낮은 산에 올랐다. 이따금 무엇을 찾아 헤매는지 비행기의 괴이한 폭염 소리가 산으로 들로 날아다녔다. 그런가 하면 대자연이 가져다준 산중의 갖가지 열매는 그 상황에서도 계절을 잊지 않고 빨갛고 노랗게 잘 익어 주었다. 우리는 시간이 흐를수록 비어가는 뱃속의 허기증을 잘 익은 열매들로 달래었다.

누구네 집보다 정갈하고 다정다감하게 살아온 달순네가 6·25사변 이후 어머니의 불치병으로 그늘이 덮이기 시작했다. 몇 년 동안 병마와 싸우던 어머니는 그해 돌아가시고 말았다. 어머니가 세상을 떠난 지 채 한 달이 못 되어 이번에는 아버지가 달순이의 새엄마라는 여자를 앞세우고 돌아왔다. 갑작스런 변화에 너무도 충격이 컸던 달순이는 슬픔과 고통으로 나날을 보냈다. 새엄마로 인해 속병까지 얻은 달순이는 아무도 모르게 야위어만 갔다.

고등학교에 입학하면서 달순이 하고는 학교를 달리했다. 달순이의 새엄마가 살던 집을 팔고 다른 곳으로 이사를 갔기 때문이다. 어느 날 달순이와 한동네에 사는 반 친구가 달순이의 편지를 건네주었다. 이번 주 안에 꼭 한 번 자기 집에 찾아와 달라는 간곡한 내용이었다.

얼굴빛이 말이 아니었다. 그의 얼굴을 편한 눈으로 바라볼 수가 없었다. 우리는 부둥켜안았고, 그치지 않는 눈물에 마음과 몸을 온통 맡겨 버렸다. 너무도 암담하고 괴로웠다. 그는 초등학교 시절의 친구들 누구누구도 만나고 싶고 같이 뛰놀았던 그리운 언덕에 다시 서보고 싶다는 말을 했다. 나는 빨리 병이 나아 그렇게 하자고 말해 주고 돌아왔다.

어느 날인가. 꿈속에서 길을 가다가 달순이를 만났다. 예대로의 모습, 깔끔하고 예쁜 얼굴에 미소를 환하게 머금고 있었다. 이제 나 병이 다 나았어! 그의 좋아라하는 모습이 너무도 생생했다. 이내 자기 어머니와의 약속 때문에 가야한다고 말했다. 곧장 갈대가 휘날리는 허허벌판을 달리며 끝없이 가버렸다. 나는 달순아, 달순아! 울부짖으며 따라가다가 무슨 서슬엔가 깨어나는 순간 꿈이었지만 무서웠다.

등굣길이었다. 급하게 나를 부르는 소리가 들렸다. 뒤돌아보았다. 달순이가 죽었다는 소식을 전했다. 내 심장의 박동은 대번에 멎어버릴 것만 같았다. 온몸에 경련이 이는가 하면 사시나무 떨 듯한 떨림도 왔다.

하꽃길이었다. 울음바다! 장사진을 이룬 많은 사람들이 손수건을 눈에서 떼지 못하고 있었다. 불쌍한 것이라고 혀를 차는 사람이 있는가 하면 미처 피어보지 못한 꽃봉오리여서 더 가슴이 아프다며 울지 않는 사람이 없었다. 이제 겨우 여고 1학년. 번뇌와 고통 속에 시들다가 한 많은 세상과 하직을 고한 내 친구 달순이! 피안에 계시는 어머니가 얼마나 빨리 만나고 싶었으면 그리 좋아했던 친구마저 버리고 홀연히 떠난 것인가.

수의를 입은 달순이의 얼굴에는 한 점 미련도 탐착도 없어 보였다. 저리 평온한 표정인 것이 생멸 없는 본향에 가 있다는 증거인가 싶기도 했다. 잘 가, 달순아! 너와 내가 함께했던 옛일들 그 정다운 시절을 저 세상에서도 잊지는 말아주렴. 고개 숙이며 내내 명복을 빌었다.

훗날, 달순이가 다니던 학교에서도 아침 조회 시간에 전교생이 운동장에 모여서 머리 숙여 명복을 빌어 주었다는 소식을 전해 들었다. 그 소식을 전해 듣고 있을 때 마침 파란 창공을 날고 있는 한 마리의 새를 보았다. 그 새가 어쩐지 달순이의 화신인 것만 같아서 나는 한동안 넋을 놓고 바라보았다.

내 가슴에 언제나 머물고 있는 예쁜 내 친구보다 나는 오십 년 가까이를 더 살아왔다. 이제와 생각해 보니 길게 살아온 나의 삶이나 미처 피어 보지 못하고 짧게 살다간 달순이의 삶이나 영원으로 보면 오십 보 백 보일 것 같다. 인생은 어디에서 왔다 어디로 가는 것일까?

여고 시절의 교장선생님

만남에는 필연과 우연이 있다. 필연을 숙명이라고 하면 우연은 운명이라고 할 수 있다. 숙명적인 만남은 하늘의 뜻이라고 여겨왔고 운명적인 만남은 살아가면서 존재하는 만남이라는 생각이 든다. 우리 인간의 삶은 모든 만남에서 시작이 된다. 그런가 하면 상생의 인연과 상극의 인연도 만남에서 비롯된다.

여고 시절의 교장선생님이 이 세상을 타계하실 때에는 하나의 별이 사라졌다는 생각이 들었다. 교장선생님과의 상생의 인연은 초등학교 때부터였다. 어느 날 4학년 때였다. 반 친구와 둘이 6학년 언니들이 찾는다고 하기에 언니들 교실을 찾아가 보았다. 언니들은 여름방학 때 야외로 놀러 간다고 하면서 친구와 나를 데리고 가려고 하니 같이 가자고 했다. 잘 모르는 언니들이지만 학교에서 가끔 만난 적이 있어 그리 낯설지만은 않았다. 날짜와 시간을 알려주면서 학교에서 만나자고 했다. 지금 생각해도 도저히 이해 안 가는 것은 친구도 6학년 언니를 아는 사람이 한 명도 없었고 나 역시 전혀 모르는 언니들뿐이었다. 그때는 너무 순진해서인지 언니들이 어렵고 불편했다. 낯을 많이 가린 탓이었는지 처음에는 많이 쑥스러워 따라 다니는 데도 힘이 들었던 기억이 있다. 친구 역시 내 손만 쥐고 다녔다. 그런데 교장선생님께서는 그 당시 6학년 언니들 반 담임선생님이셨다. 그날 같이 합류하면서 놀러가는 데 동참하셨다. 전주천을 쭉 따라 서학동을 지나서 한참 걸어가다 보면 흑석골이라는 마을이 있다. 유년 시절이었지만 그때의 기억으로는 흑석골이라는 곳이 산새가 좋았고 적은 마을들이 산속 깊이에 들어 있던 기억이 어렴풋이나마 떠올려진다. 언니들은 음식을 나름대로 싸가지고 왔고 교장선생님과 우리 둘이는 그냥 언니들의 호의에 따라가 가지고 온 음식을 즐거운 마음으로 맛있게 먹었던 기억이 남는다. 점심을 먹고 난 후에 어느 정자나무 밑에 맑은 물이 흐르는 도랑물에 발을 담그고 쭉 둘러앉았다. 교장선생님께서 간단한 말씀이 있으셨다. 친구와 나를 바라보시며 언니들 따라 다니느라고 고생이 많았다고 노래를 불러보라고 하셨다. 어색하기만 했던 마음을 접으면서 산 위에서 부는 바람 시원한 바람이라는 노래를 했다. 지금에 와서 희미한 기억이지만 ≪산바람 강바람≫이라는 동요가 아니었는가 생각이 든다. 노래가 끝나자 교장선생님께서 친구와 나의 머리를 쓰다듬어주셨던 기억이 있다. 언니들은 우리 둘을 귀엽다고 하면서 많은 박수를 아끼지 않았다. 도랑물이 어찌나 시원했던지 삼복더위가 싹 물러가는 듯했다. 풀잎 배를 만들어 도랑물에 띄우며 놀았던 일, 언니들의 아름다운 노랫소리, 교장선생님의 시낭송까지 즐거운 긴 여름의 하루해가 빠른 듯이 석양노을에 졌다. 그 뒤에 얼마 되지 않아서 아침조회 시간에 교단에서 다른 곳으로 전근을 가신다는 이별의 인사를 하는데, 어린 마음에도 어찌나 서운했는지 모른다.

초등학교를 졸업하고 중학교 3년을 지나 고등학교에 들어갔다. 잃었던 시간을 다시 찾은 듯 교장선생님과 재회했다. 고등학교 입학식에 교장선생님이 단상에 오르시는데 많이 낯이 익은 분이셨다. 자세히 보니 기억이 났다. 아~ 마음속에 자리하고 있던 분인데 가슴이 막 뛰기 시작했다.

지금 생각해보면 필연이었을까 우연이었을까. 불가에서 쓰는 인과의 이치라는 말이 두뇌에서 박혀 있을 정도로 실감하게 했다.

선생님께서는 다재다능한 분이셨다. 고3때는 철학시간을 시간표에 넣어 우리에게 철학을 강의해주셨다. 제2외국어로는 불어를 선택 과목으로 배웠던 우리들이었다. 불어도 교장선생님께서 가르쳐주셨다. 특히 문예부 활동에 힘을 모아주셨던 교장선생님이셨다. 50년대 그 시절에는 읽고 싶은 책을 보려면 경기전에서 조금 더 가서 봉래원이라는 음식점 앞에 국립도서관이 있었다. 그곳에 가도 많은 책이 준비되어 있지 않았던 때였다. 학교에 도서실이 없다는 것은 퍽 불편한 일이다. 교장선생님께서는 철학시간이나 불어시간에도 틈이 나는 대로 책과 담을 쌓지 말라는 말씀을 자주 하셨다. 먼 훗날 결혼해서도 책은 꼭 읽으라 하던 교장선생님이셨는데 우리 학교에는 도서실이 없었다. 어느 날 학교 운영회가 있었다. 운영회 석상에서 교장선생님과 많은 선생님들 앞에서 용기를 내어 이렇게 말했다. "교장선생님." 하고 부르니 교장선생님과 눈이 마주쳤다. 떨리는 가슴을 꾹 누르며 우리 학교 교훈은 진 · 선 · 미인데 여학생인 우리가 교훈을 지키기 위해서는 가장 아름답고 착하게 행동하고 모범적인 학생이 되기 위해서는 도서실이 학교에 꼭 필요하다고 용기를 내어 말을 했다. 덧붙여 도서실에 여학생들이 필요한 정서적인 책을 많이 구입하여 우리 학교 도서관을 만들어 주시라고 청을 드렸다. 교장선생님께서 그 말을 듣는 순간 흔쾌히 승낙을 하셨다. 며칠 지나서 학교 3층에 도서관이 들어섰다. 어느 날 교장선생님께서 나를 부르신다기에 교장실로 찾아가 뵈었다. 교장실에 들어가기 전에 거울이 벽에 걸려 있어 머리를 단정히 하고 하얀 칼라를 잘 매만지며 단정히 몸매를 갖추었다. 항상 교장선생님을 교실, 운동장, 교장실에서 뵐 때마다 유년 시절이 떠올라 혹시 나를 알아보실까 하고 조마조마했는데 변해져 있는 모습을 도저히 알아보지 못하시는 것 같았다. 교장실 문을 열고 들어서면서 정중히 인사를 했다. 기다렸다는 듯이 교장선생님께서는 활짝 핀 웃음을 보여주셨다. 교장선생님께서 좋은 발언에 대한 칭찬을 하고 싶어서 교장실로 불렀다고 하셨다. 학교에서 진작부터 해야 할 일이 늦어져 학생들한테 그간 미안하다는 말씀을 대표로서 들었다. 그 기회에 지나간 옛일을 더듬어 교장선생님과 대화를 나누었다. 초등학교 때 흑석골 이야기를 해드렸더니 한참 기억을 더듬어 생각하시다가 어렴풋이 옛 생각을 떠올리셨다. 아~ 그 조그만한 녀석이었구나. 참 귀여웠지. 그 꼬마가 벌써 커서 우리 학교에 들어오다니 정말 반갑다고 하셨다. 우리 교장선생님께서는 항상 사람 냄새를 풍기어 만인의 귀감이 되는 훌륭한 분이셨다. 졸업한 동문들에게 최상의 대우를 해주셨던 존경하는 나의 교장선생님이셨다.

동창회 때마다 제자들과 어울리시며 분위기를 때와 장소에 맞게 띄워주었던 분이셨다. 졸업생과 대화를 나눌 때마다 호칭을 여사라고 했던 인격과 인품을 갖춘 교장선생님이셨다. 항상 당신보다 상대편을 챙기고 존중해주셨던 교장선생님의 매너는 우리가 길이길이 본받아 실행하는 제자들이 되어야 한다고 생각한다. 가끔 수십 년의 세월이 흘러갔지만 요즘에 와서까지 떠오르며 길이길이 잊을 수 없는 거목 같은 교장선생님이다.

내 한 마음 돌려보면

태풍은 생물을 시달림으로 몸부림치게 하듯이 사람들의 생활에서 닥쳐오는 시련은 바위에 부딪혀 부서지는 파도만큼이나 가슴을 상심하게 만든다. 시간의 흐름 속에서 거센 바람은 끊이지 않는다.

나는 문학의 길은 순수하고 아름답다고 생각했다. 모든 것들을 승화시켜 문학을 탄생시킨다고 생각했다. 그래서 문학을 갈구했고 늦은 나이에 문학의 길로 접어들었다. 그러나 차츰 사람들과의 관계에서 문학이라는 두 글자가 환멸로 나를 몰아갔다. 살아있는 나무만이 꽃을 피우게 하듯이 아름다운 글을 쓰기 위해서는 건전한 양식이 필요하다고 생각하고 있었다. 그런데 지성인으로 자처하는 이들의 삶에 끼어든 오류를 엿보게 된 것이다.

인생의 여정에서 숱한 일들을 만난다. 모든 것은 알 수 없는 생의 일이라 하지만 평생을 가슴속에 문학이라는 고운 임 하나를 안고 살아왔다. 황혼에 이르러서까지도 그 마음을 버리지 못해 티 없는 마음과 사심 없는 노력으로 문학이라는 끈을 놓치지 않기 위해 무엇이든 하려는 마음이었다. 그러나 다른 사람들은 그것을 제대로 마음속에 받아주지 못했던 모양이다. 마음속에 계속 거칠게 불어오는 바람소리 때문에 짓이겨진 상처는 치유될 줄 모르고 한없는 아픔 속으로 나를 끌고 갔다. 잔잔한 호수의 수면 위로 날아든 돌멩이가 파문을 일으켜서 호수는 몸살을 앓았다. 좋은 심성으로 만난 인연들이 날이 갈수록 상극의 인연으로 화해 가는 것 같아 마음이 어두웠다. 서로 간에 깊게 골이 지고 타협의 여지가 없어지는 것처럼 생각이 되어졌다.

자기반성을 할 줄 모르고 남의 탓으로만 돌리려는 마음가짐은 비굴함과 속된 마음을 가지게 될 뿐만 아니라 스스로를 말살시키는 원인이 된다. 그럴 때일수록 나 자신을 돌이켜보는 시간을 가져야 했다. 소크라테스는 '너 자신을 알라.'고 말했다. 그런 만큼 자기를 관조하고 뒤돌아볼 줄 안다면 남의 티만 보이지는 않을 것이다. 폭우와 바람에 마음을 다치고 문학공부를 계속해야 할 것인지, 그만둘 것인지에 대한 갈등이 증폭되었다.

마음의 작용에 따라 문학공부를 쉬는 동안 살을 에는 듯한 아픔으로 뼈마디가 욱신거렸다. 지나온 모든 일들이 바보 같아서 눈물로 몇 날 밤을 베갯머리를 적시며 뜬눈으로 새웠다. 내 인생의 기로에서 숨 막히는 고통스런 생각들이 나를 묶어내는 듯했다. 무엇 때문에 여기까지 와야만 했나. 순수함과 그리움을 버리게 하는 것들이 자꾸만 나를 충동질했다. 그런 서럽고 불편한 생각들이 내 마음속에서 지워지지 않았다. 나는 나 자신과 오랫동안 싸워야만 했다. 내 자신을 이기려고 부단히 노력했다.

그러다가 어느 날, 홀연히 한 생각 돌려 내 마음을 바라보았다. 비로소 악몽에서 깬 듯 머리가 맑아졌다. 눈빛이 빛났으며 입가에는 미소가 흘렀다. 항상 즐겨 불렀던 노래도 나왔다. 속 깊이 끌어당기며 내어 품 듯 〈오 데니 보이〉를 목청껏 부르고 나니 새로움이 솟았다.

내가 좋아하는 난들이 다시금 생기를 되찾으며 내 눈과 마주칠 때마다 더 싱싱하고 푸르게 돋보였다. 한 마음 돌려보는 것이 그렇게 좋은 것을 나는 또 늦게서야 깨닫게 되었다.

나는 이제 황혼에 선 여인으로서 순수하고 시성이 넘치는 삶으로 노 저어 갈 것이다. 조용하면서도 깊고 깨끗하면서도 조촐하게 숨을 쉬어 보리라.

고모님

슬하에 일남 일녀를 둔 우리 고모님은 몸에 배인 청초함이 그대로 한 떨기 백합이었다. 고모님은 스물아홉 꽃다운 나이에 혼자가 되었지만, 재가를 허락하지 않는 인습 때문에 아들을 의지하며 혼자서 살아야만 했다. 그러던 고모님이 불혹의 나이에 이르렀을 때 육이오 사변이 일어났고, 부랴부랴 아들을 장가시켜 며느리를 맞아들였다.

새 며느리는 넓은 들에 나가 일을 했다. 평상시에도 약간 내민 듯한 새 며느리의 입이 무엇이 못마땅한지 그날따라 더 내밀어져 있었다. 긴 한숨으로 들녘을 메우는 고모님 역시 일을 하다가도 하늘을 향해 당신의 속마음을 호소라도 하듯 눈빛을 먼 창공에 두곤 했다. 고모님은 권위의식과 남편처럼 의지하고 살아왔던 외

아들을 며느리에게 빼앗겼다는 허전함이 늘 마음속에 있었던 모양이다. 때문에 청상과부와 며느리 특유의 반목과 갈등이 들에서조차 그렇게 자리하고 있었다. 나는 떡두꺼비같이 무거운 조카 녀석을 업고 서성이며 고모님과 새언니에 대한 분위기를 느낄 때마다 여간 조마조마하지 않았다.

낮이 지나고 밤이 되면 하루종일 등에 달고 다니면서 조카 녀석과 씨름을 하다시피 한 나는 밤새 끙끙 중병을 앓듯 해야 했다. 앓는 소리를 들은 고모님은 그래도 당신의 살붙이라고 안쓰러워서 실눈을 하고 바느질을 하던 일감을 뒤로 물리시고는 내 이마에 손을 얹으셨다. 그때 보던 고모님의 사랑 넘치는 얼굴이 등잔 불빛에 가득 흘렀다.

이튿날이었다. 눈부신 햇살이 청산을 깨우자 퇴청 문살이 훤하게 밝아왔다. 눈만 뜨면 보채는 조카 녀석을 또 등에 들쳐업고 나는 산 밑에 있는 옹달샘으로 갔다. 밤새 목이 말랐던 나는 샘물에 떠돌고 있는 표주박으로 물을 떠서 속이 시원해지도록 마셨다. 언제 고모님이 왔는지 고모님도 나처럼 물을 벌컥벌컥 마시는 것이었다. 지금에 와서 생각하니 아마도 타는 속을 후련하게 식히기 위해서 그렇게 물을 마셨던 것 같다. 그런 고모님 밑에 시집 온 며느리의 생활인들 편할 리가 없었을 것이다.

스물아홉에 혼자 되어 팔십까지 홀로 장수하신 고모님은 그 시대에 진사 벼슬을 하신 아버님과 오라버니를 두었기에 가문의 법도를 지키느라 한 많은 일생을 사신 것이었다. 고모님은 긴 밤

외로운 사연을 등잔불에 담아 살아오신 것 같다. 언제나 바느질감을 가지고 시간과 세월을 보내시는 고모님은 하룻밤에도 몇 번이고 등잔의 심지를 올렸다 줄였다 하면서 밤을 새우셨다. 이제 나이 먹어 고모님을 떠올리니 어찌나 가슴이 아픈지 눈시울이 젖을 때가 많다. 그동안에라도 고모님의 외로움을 달래줄 방법을 가족들과 의논해서 찾아드리지 못했던 일을 생각하면 너무도 죄스럽다. 형벌의 삶이었을 것 같다는 생각이 들어서이다.

내게로 새언니가 되는 고모님의 며느리와 나는 같이 다니면서 많은 이야기를 나누었다. 논길을 지나 고추밭 이랑에 서면 초원지대로 이루어진 고추밭이 내게는 마치 지평선처럼 보여 가슴이 벅찼다. 고추나무엔 새언니의 시집살이만큼이나 매운 고추가 많이 매달려 있었다. 새언니는 나하고 고추를 따면서 시어머니인 우리 고모님의 흉을 많이 보았다. 이다음에 커서 애기씨도 시집을 가 보면 자기 마음을 이해할 거라고 했다. 새언니는 이마에서 흘러내리는 땀방울을 연방 손으로 닦으며 가슴에 맺힌 시집살이의 푸념을 늘어놓았다.

달이 휘영청 밝은 밤이거나 칠흑같은 어두운 밤이거나 상관하지 않고 고모님은 잠들지 못하는 밤이면 신혼의 단꿈에 젖어 있는 새언니의 방으로 고개를 돌리곤 하셨다. 그러니 얼마나 힘이 드는 시어머니였겠는가. 밤이면 특히 긴 한숨과 헛기침 소리가 잠을 자는 새언니의 방까지 들려와 마음 편할 날이 드물었다고 하였다.

나는 밤이면 밤마다 고모님의 베개에 그려진 얼룩무늬를 생각할 적마다 초로 같은 인생의 뒤안길을 바라다보게 된다. 숱한 세월을 아파했던 고모님의 모습을 생각할 때마다 같은 여인으로서 미처 생각을 못했던 어리석음을 또 한 번 크게 뉘우친다.

동심초처럼 맺지 못한 사연을 가슴에 안은 채 청상과부의 수청을 지조로써 보여주었던 우리 고모님의 한이 어쩌면 보름달만큼이나 컸을지도 모르겠다.

가을의 단상

산길을 가다 여기저기 피어 있는 이름 모를 야생화를 보면 맑은 가을 하늘을 사심 없는 마음으로 바라보게 된다.

때마침 먼 하늘가에 이름 모를 철새들이 줄을 지어 저녁 석양을 따라 어디론가 날아가고 있다. 깊은 숲 속을 따라 들어서면 자연에 취하고 마음은 중후한 산 앞에 경건해진다. '자연으로 돌아가라.'는 루소의 말처럼 오욕 속에서 목욕하며 살아온 날들이었기에 이렇듯 자연과 접할 때마다 느끼는 심정이다. 자연의 신비 속에 순간이나마 모든 일상을 벗어버리고 본향으로 돌아온 심상으로 여유를 누려본다. 숨 막히도록 바쁘게 살아온 세월만큼이나 내 안에 있는 모든 것을 씻어버리고 생기롭고 청아한 산 내음을 맡으며 넉넉하고 훈훈한 마음으로 정화시켜 본다.

생활이 내 인생 자체를 묶어 놓아주지 않고 자꾸만 흐르는 세월 앞에 숫자만 쌓이고 있는 삶을 살아오게 한 것이다. 채색되어 가는 나뭇잎들이 가을을 불러들이듯이 회한의 세월 속에 내 인생은 걸어온 삶의 무게를 짊어지고 오늘도 어제와 같은 그 길을 생명이 다하는 그날까지 가보려 한다.

먼 들녘에서 잘 익어 고개를 푹 숙이고 있는 이삭의 겸손한 소리가 들릴 때마다 농부의 풍요로움은 한 점 부끄러움이 없는 마음으로 하늘을 향하여 행복의 소리를 듣는다.

노오랗게 물든 은행나무 밑에 수없이 떨어져 있는 낙엽들을 밟으며 가을 연인은 먼 옛날의 그리움을 못내 아쉬워 사색에 몰입하는 계절이기도 하다.

우리 인생은 가을의 결실에서 삶의 지혜와 희망을 바라며 살아간다. 밤을 딸 때마다 가지는 마음이다. 겉모양이 고슴도치처럼 생긴 겉껍질을 볼 때마다 윤기가 자르르 흐르는 맛있는 밤알이 그 속에 보석처럼 들어 있음을 안다. 가시가 손끝을 찔러 피가 흘러도 수단과 방법을 가리지 않고 그 속에 들어 있는 밤알을 꺼낸다. 이것이 자연의 순리에서 채득한 우리네 삶의 방식이다.

가을은 또 하나의 보석을 가져다 준다. 그렇다. 많은 열매 중에 노오란 은행나무에 주렁주렁 수없이 매달려 있는 은행은 아주 역한 냄새를 풍기는 열매이다. 어느 누구도 그 냄새를 먼저 생각하면 감히 접근하기조차 싫겠지만 보석 같은 알맹이를 생각하며 깨끗하게 손질을 해서 뽀오얀 껍질로 된 은행으로 만들어낸다. 껍질을 깨어 속에 든 알맹이를 꺼내 살짝 볶아내면 고려청자와 같은 우아하고 청아한 빛깔은 감탄사가 절로 나오게 한다. 또 환절기에 오는 기침 감기에도 아주 효능이 높은 약제이기도 하다.

가을은 우리에게 많은 것을 가져다 준다. 물질로도 풍요로움을 주지만 정신적으로도 사색의 창을 바라보게 하는 계절이다. 우리 인생을, 삶의 가치를 확인하려 하는 가을이기도 하다.

우리는 자연 속의 삶을 배우고 자연의 순리에서 신앙이 존속하며 낙엽의 존재 앞에 주검을 생각하게 한다. 생과 사가 둘이 아니지만 올가을에도 오 헨리의 마지막 잎새처럼 희망을 잃지 않으며 많은 사념 속에 보내고 싶다.

바가지

하늘이 높아만 보이는 가을, 초가지붕 위에 하얀 박은 소담스럽게 익어가고 있다. 박꽃은 먼 옛날부터 내려오는 삶의 지혜로움이 스며 있는 듯 고귀한 자태가 몹시 아름다웠다. 흰옷을 사랑하며, 깨끗함을 자랑하는 우리 조상님들의 품위인 듯하여 박꽃을 보면 마음이 한결 고고해졌다.

'이화에 월백하고 은하는 삼경인데 일귀춘심을 자귀야 알랴마는 다정도 병인 양하여 잠 못 이뤄하노라.' 이 싯귀처럼 달빛 속에서 보이는 박꽃도 마음이 시리도록 새하얗고 청초하다. 박꽃은 또한 조촐하면서도 수련된 그 자체였다.

늦가을 햇살과 싸늘해지는 바람으로 인하여 점점 차오르는 박은 임산부의 배처럼 여물대로 여물어 둥글둥글해졌다. 이렇게 잘 익은 박을 딸 때가 되면 시어머님께서는 바가지를 만들 채비를 하셨다. 우선 탱글탱글하고 모가 나지 않은 것으로 잘 골라서 조심스럽게 톱으로 탔다. 두 조각이 난 박을 들여다보면 속도 역시 하얀색이었다. 속에 들어 있는 것들을 잘 긁어내어 깨끗이 씻은 다음 가마솥에 쪄서 몇 날 며칠을 볕에 말리면 노란 빛깔을 띤 바가지가 만들어졌다.

바가지에는 여러 종류가 있다.

우선 조롱박이 있다. 앙증맞고 예쁜 조롱박은 손잡이가 길게, 혹은 짧게 달려 있다. 손잡이가 긴 것은 큰그릇에 담긴 동동주를 떠서 마실 때 미각을 돋우는 데 쓰였고, 짧은 것은 장독에 띄워 놓고 주로 장을 뜰 때 사용했다. 또 뾰족한 병에 장을 퍼담을 때 사용하면 아주 편리하고 좋았다.

다음으로 표주박이 있는데 대부분 물을 마실 때에 썼다.

평상시에 많이 쓰는 바가지는 쌀을 씻을 때, 물을 퍼담을 때 가장 요긴하게 썼으며, 나물을 무칠 때도 썼다. 바가지에다 나물을 무치면 한층 더 감칠맛이 났다. 이렇게 그릇 대용품으로 여러모로 쓰여 사람들은 행여 바가지가 깨질까 봐서 소중히 다뤘다.

시어머니도 바가지를 애지중지하셨다. 평소에 우리 것을 고집하던 시어머니는 살아생전에 꾸준히 박을 심으셨고, 종류 별로 바가지를 많이 만들어 아들과 딸들에게 빠짐없이 골고루 나누어 주셨다. 플라스틱 바가지는 잘 깨지지 않아서 함부로 쓰기에는 좋겠지만 자연에서 얻은 바가지와 어떻게 비교하겠느냐며 우리들에게도 박으로 만든 바가지를 쓰도록 하셨다. 어머니는 간혹 깨진 바가지가 생기면 버리지 않고 여러 색의 한지를 사다가 요리조리 예쁘게 바른 다음 박공예를 하거나 마른 그릇으로 쓰셨다. 그런 어머니의 미덕은 어느 자식도 따를 수가 없다.

목화씨는 중국의 사신으로 갔던 문익점이란 사람이 붓 대롱 속에 숨겨왔으니 중국에서 전해온 것이지만 박씨는 순수한 우리의 것이다. 그러므로 박은 우리의 숨결이 고이 들어 있는 식물이라고 할 수도 있을 것이다. 박에 대한 야담이 있는가 하면 풍자를 그린 품바타령도 있으니 말이다. 밤마다 베갯머리에서 흥부와 놀부전을 즐겨 읽으셨던 시어머니께서는 제비가 박씨를 물어다 주어 권선징악을 말한 것은 우리에게 큰 교훈을 준 것이라고 하셨고, 품바타령에서 빼놓을 수 없는 바가지는 그들이 생계수단으로 삼는 밥그릇이라고 하셨다.

우리 집에는 아직까지 유일하게 남은 바가지 하나가 있다. 시어머니께서 생전에 아끼고 사랑하던 바가지를 생각하며 오래도록 쓰다 보니 닳아서 얇아질 대로 얇아지고, 손잡이 한쪽이 깨졌다. 그것을 실로 친친 꿰매어 지금까지 쓰고 있다. 가끔은 바가지를 씻을 때마다 그 속에 코를 대고 냄새를 맡아본다.

잃어버린 것이 있으면 얻는 것이 있다고 하지만 조상들이 사용해왔던 지혜와 자연의 무공해를 잃는 것은 얻는 것에 비해 너무 큰 손실인 것 같다. 바가지들이 사라져가는 것이 너무나 아쉬워 나는 어머니께서 물려준 마지막 남은 조각이나마 꿰매어 쓰고 있는 바가지를 불안한 마음으로 조심스레 간직하고 있다.

생명의 등불을 밝혀준다는 사월의 찬란한 별을 받도록 꿰맨 바가지를 장독대 위에 조심스럽게 올려놓았다. 장독대에 올려놓은 바가지를 바라보는 순간 시어머니의 체취가 물씬 풍겨오는 듯했다. 어디선가 하얗게 피어난 박꽃이 나를 향해 살포시 웃어줄 것만 같은 기분이 들었다.

살구나무

해마다 많은 열매를 맺어 우리에게 풍요로움을 안겨주던 살구나무 한 그루가 우리 집의 이야깃거리였다.

아버지는 유난히도 나무를 좋아하셨는데, 이웃에 사는 아저씨로부터 살구나무 묘목 한 그루를 선사받아 앞마당 정원에 심어놓았다. 그 나무가 어느덧 자라나 팔뚝 두 개를 포갠 만큼이나 몸통이 굵어졌다.

살구꽃이 피기 시작한 어느 봄날이다. 어머니께서는 살구나무를 보더니 못마땅한 표정을 지으셨다.

옛날부터 집 안에 복숭아나무와 살구나무는 심지 않는다는 말이 있다. 복숭아나무나 살구나무는 귀신을 쫓는다고 하여 집 안에 그런 나무들이 있으면 명이 짧아진다는 미신 같은 이야기를 나도 친구들로부터 들은 적이 있다.

아버지와 입씨름이라도 하는 날이면 어머니께서는 결국 살구나무를 꼬집고 나섰다. 그때마다 마당에 그늘이 드리우면 시원해서 좋고, 또 맛있는 살구를 먹어서 좋을 텐데 왜 그리 성화를 하는지 모르겠다고 못마땅해 하셨다.

여느 때 같으면 듣고만 계시던 어머니께서도 살구나무 이야기에는 역정을 내셨다. 그렇게 말씀하시는 어머니의 의도는 그 이유만 있는 것이 아니었다. 유년 시절을 보낸 외갓집에는 많은 유실수가 있었는데, 쐐기처럼 생긴 발이 여러 개 달린 벌레에 물려 경기를 일으켜 심한 고통을 당한 적이 있어 실은 나무에 대한 노이로제가 있었던 것이다. 농약이 없는 때이고 보니 바람이 불면 벌레들이 가끔씩 살구나무에서 떨어져나와 마루에서 기어다닐 때가 있다. 그런 날에는 으레 아버지를 원망하는 소리가 높았다.

아버지께서 병이 나실 무렵에 어머니는 몹시 흉한 꿈을 꾸었다고 하셨다. 꿈속에서 그렇게도 정정한 살구나무 한쪽이 뚝 잘려나가는 꿈을 꾼 후에 아버지께서 고혈압으로 갑자기 쓰러지셨다. 일 년을 중풍으로 투병생활을 하던 아버지께서는 끝내 회춘을 못하고 육십오 세가 되던 해 돌아가셨다.

아버지께서 임종하시던 날, 어머니께서는 평소와는 달리 허리끈을 힘주어 매셨다. 그리고 서러움에 울려고 하는 자식들에게도 주의를 주셨다. 자식들을 다그치는 어머니의 모습은 냉혹하면서도 엄숙했다. 입관하는 날에도 집안이 들썩하리만치 상주들이 곡을 했지만 어머니만은 유일하게도 눈물 한 방울도 보이지 않으셨다. 남들이 부러워할 만큼 금실이 돈독한 사이였는데 어떻게 저렇게 모질까 하는 생각이 들 정도였다.

해가 질 무렵이었다.

날카로운 톱을 든 장정이 머리에 두건을 두른 채 대문 안으로 들어섰다. 그 사람은 어머니를 향하여 공손히 절을 했고 어머니는 살구나무를 가리키셨다.

섣달 스무닷샛날 앙상한 나뭇가지만 남은 살구나무는 희끗희끗 휘날리는 눈발 속에서 베어져 대문 밖으로 나갔다. 묵묵히 지켜보고 계셨던 어머니께서 끝내는 목을 놓아 통곡을 하는 거였다.

어머니의 몸부림 속에는 아버지에 대한 연민이 살아 숨쉬는 듯했다. 뒤따라 살구나무마저 미련 없이 베어 버린 어머니의 속마음에는 말 못할 깊은 사념이 깊숙이 깔려 있는 것 같았다.

공원길

거의 매일 산책을 한다. 내 집에서 멀지 않은 곳에 공원이 있다. 요사이 공원을 찾을 때마다 새로움에 젖어드는 감탄사가 절로 나온다.

봄에 벚꽃이 만개하여 만산을 이룰 때 이리저리 거닐다 보면 황홀한 기분을 감당키 어려운 산길이다. 봄볕을 타고 살며시 부는 바람에 하염없이 지는 벚꽃 잎을 보면서 설도 시, 김억 역, 김성태 작곡의 〈동심초〉 노래를 목청껏 산울림이 울리도록 불러본다.

> 꽃잎은 하염없이 바람에 지고
> 만날 날은 아득타 기약이 없네

무어라 맘과 맘은 맺지 못하고
한갖되이 풀잎만 맺으려는고
한갖되이 풀잎만 맺으려는고

마음의 추억을 그리며 속이 후련해지도록 목청껏 부르고 나니 눈시울이 뜨거워졌다.

아무도 없는 산길을 가면서 노래를 부르다가도 사람이 오는 기척이 나면 입을 다물고 걸어간다. 푸른 나무들 속에서 푸른 바람을 마시며 여러 가지 꽃들의 조화를 보며 산책을 한다. 하늘에는 일곱 가지 색을 가진 무지개가 찬란한 꿈을 꾸며 살고 있고, 땅에는 모든 꽃들이 무지개의 꿈을 받아 영롱하게 피어나는 기이한 염원으로 살아가고 있는 듯했다.

산길을 거닐다 보니 모든 것에 취해 버릴 것만 같다. 나무 하나 하나에도 특색이 있어 취하고 풀 한 포기 포기마다 새로움이 있어 취하고 갖가지 색깔들의 꽃과 푸른 바람에도 취해서 시상도 떠오르고 노래도 절로 나온다.

이렇게 아름다운 공원을 바로 앞에 두고 그간 무엇에 취해 한 번도 공원에 올라 본 적이 없었는지. 이렇게 아름답고 좋은 곳을 그간에 외면하고 허송세월한 것 같은 생각에 억울한 마음마저 든다.

공원을 한 바퀴 돌다 보면 공원길은 우리 인생의 삶의 철학을 말하는 것만 같아 깊은 사념에 빠지게 된다. 공원길을 쭉 따라가 보면 목적지까지는 오르막길에서 내리막길로 끝이 난다. 연속으로 오르고 내린다.

인생의 항로에도 오르막이 있으면 내리막이 있다. 인간은 오르막의 집념의 희망 속에 살아가고 있다. 현재 내리막길의 삶을 살고 있을지라도 좌절하지 않는다. 가쁜 숨을 몰아쉬어 오르막길을 오르듯이 최선의 노력 속에서 희망의 끈을 붙잡게 된다. 그래서 인생의 마지막에 최후 길은 내리막에서 맞게 되지 않나 싶은 생각이 든다.

푸른 숲 속을 거닐다 보면 푸른 바람이 가슴으로 스며든다. 가슴을 열고 마음껏 숨을 몰아쉬며 거닐 때마다 시적 공상에 빠져들게 한다.

황혼에 접어드니 모든 것들이 새롭게만 보인다. 잡초들마저도 소중하게 생각된다. 산마루에 서 있는 바위 하나 작은 돌까지도 가슴에 들어온다.

황토색을 띤 흙마저 지난 세월에는 아무런 관심조차 보낼 수 없는 것들이었는데 지금에 와서는 눈시울이 뜨거울 정도로 정감이 간다.

유년 시절이 자꾸만 떠오른다. 옛날 고등학교 작문시간이었다. 작문을 가르치는 선생님께서 갑자기 이름을 묻더니 산이 좋으냐, 바다가 좋으냐 하고 물으셨다. 거침없이 산이 좋다고 말했다.

왜? 산이 바다보다 좋으냐고 다시 질문을 하셨다. 산은 많은 꽃들이 옹기종기 정답게 피어 있고, 산새들이 지저귀고 웅덩이에

물이 고이면 그 속에서 또 하나의 세상을 볼 수 있어 좋다고 했다.

바다는 파도가 쳐서 무섭고 배를 타면 빠질 것만 같은 생각에 싫다고 대답했다. 그래, 선생님께서는 산을 좋아하는 사람은 정감이 많은 사람이며 바다를 좋아하는 사람은 이성적인 사람이라고 말해주셨던 기억은 지금도 잊히지 않고 가슴 한구석에 있다.

공원길은 바다를 끼고 있다. 바다가 우거진 숲 사이로 살짝 살짝 보인다. 짠 바람을 마시며 자라온 나무들이 내뿜는 푸른 공기는 건강에 특효가 되는 아주 좋은 약 바람인 것을 많은 이들은 알고 이곳을 찾아 건강을 챙긴다.

지상낙원! 우리 인간이 염원하는 것이 바로 이것이다. 몇억만 년 지구는 성주괴공을 해오면서 지금까지 돌고 또 돌고 있다. 많은 것들을 창조했던 지구의 삶이 아닌가 싶다.

산길을 걷다 또 걷다 보면 많은 것들이 변하고 생성하고 발전해가는 것을 볼 수 있다. 길섶엔 아름다움과 찬란함이 함께 공존하는 많은 꽃들이 피어 있다. 볼 때마다 마음은 천국의 길을 걷는 듯 황홀하기까지 하다. 바로 이것이 낙원의 세계를 심오하게 느끼며 호흡하는 것이 아닌가 싶다.

깔끔하게 정비된 길가나 산 길섶 어느 곳에나 꽃이 없는 곳이 없다. 그만큼 살기 좋은 세상이 된 것이다. 아름다운 많은 꽃들을 접하다 보면 마음은 한없이 고와지고 선해지며 세상을 살아가는 자세도 충실하게 된다.

항상 걷는 목적지는 자연의 푸른 바람 속의 피톤치드를 호흡하고자 하는 것이다. 각자의 건강을 지켜보려고 피톤치드 나무 아래 긴 의자에 누워 휴식을 취한다. 그 나무에서 나오는 맑은 공기를 마시며 윤선도의 〈오우가〉를 읊어본다.

한가로이 누워 하늘을 보면 나무 사이로 구름이 지나는 것도 보이고 산새가 울다가 나는 것도 볼 수 있다. 몇십 분 취하다가 보면 역시 스트레스와 함께 피로가 확 풀리는 것을 느낄 수 있다. 몸도 마음도 한결 가벼워진다.

공원길 산책도 습관성이 된다. 이러한 모든 맛을 본 사람들은 꾸준히 비가 오나 눈이 많이 오나 억센 바람이 부는 날에도 개의치 않고 산길을 나선다. 요사이 생활의 일부가 된 공원의 산책은 늦깎이 시작을 했는데도 많은 것을 보았고 많은 것들을 생각하게 한다. 마음으로부터 흡족한 생활의 활력소가 된 것 같고 건강의 기쁨도 느낀다.

앞으로 남은 시간 봄가을 없이 사계절의 특색을 눈으로나 몸의 감각으로 느끼면서 공원의 산책길을 거닐어 보려 한다.

새댁

며느리가 우리 가족이 된 지 햇수로 삼 년째다. 가정교육을 바르게 받고 시집온 그 아이의 생활하는 모습을 볼 때마다 조신하고 겸손한 태도가 여성스러워 보였다.

아직까지 새댁티를 벗지 못하고 있는 것을 보면 같은 집에서 함께 살고 있지 않아 갓 시집온 새댁처럼 항상 긴장을 하고 있다. 말수가 없는 얌전한 성품은 아침햇살을 머금고 갓 피어나는 나팔꽃처럼 마냥 생기가 있어 가족들이 좋아했다.

직장생활에 너무 쫓기다 보니 시집에 자주 들락거릴 수는 없지만 집안에 행사가 있을 때마다 모든 정성을 쏟으며 신경을 쓰고 있다. 시댁에 올 때마다 며느리가 하는 일은 주로 채소를 씻거나 그릇을 깨끗이 씻어 놓는 일이다. 본의 아니게 가끔은 실수를 하고 있다. 그릇을 다치게 하여 금이 간다든지 접시를 깨뜨려 못쓰게 된 물건들을 시어머니 몰래 쓰레기 통에 숨겨 버리는 것이다. 언젠가 내가 가장 아끼고 소중하게 다루어 왔던 고급 찻잔이 금이 간 채 버려져 있었었다. 은근히 화가 났다.

이러한 일이 처음이 아니라는 것을 알고 있는 나는 시어머니의 권위의식이 마음 한자리에 싹텄다. 지금껏 예쁘게 보아 왔던 며느리였는데 이러한 일로 마음 한구석에 미움이 싹틀까 봐 내 자신이 더욱 두려워졌다. 밤이 서서히 다가오면서 마음에 두었던 일이 자꾸만 뇌리를 억압해왔다. 어떻게 말을 꺼내야 할지 잠을 이루지 못하는 밤에 문득 내 새댁 시절의 일들이 필름처럼 떠올랐다.

도회지에서 공부만 하다가 남편을 따라 시골로 시집을 갔다. 며느리가 시집을 와서 할 도리가 있는 것 같아 내 나름대로 육개월 동안만 시골집에서 시집가풍이나 생활방식을 익힌 다음 분가를 해도 늦지 않다고 생각을 했다. 막상 실전에 들어가 시골생활을 접하고 보니 이만저만 불편스러운 일들이 따르는 게 아니었다. 1960년대에 시골에는 그때까지 전기가 들어오지 않아 밤이면 호롱불 속에서 더듬거리며 일을 배웠다. 농촌에는 새마을운동으로 일대 혁신이 일어나고 있는 때였다.

울타리를 헐어버리고 어린 나무를 심어 놓으니 이집저집이 다 보여 한집같이 되어 버렸다. 생활 패턴이 갑자기 바뀌자 모든 것이 낯설고 물설어 어떻게 적응하며 살아가야 할지 속수무책이었다. 몇 달이 지난 뒤에 돌아가신 시아버지 이야기가 나오면서 어머니께서는 집안 속사정을 다 드러내셨다.

"남편이 군대에 간 사이에 우리 집은 엄청난 변화가 있었다. 너희 시아버님이 돌아가시려고 갑자기 마음이 변했는지 아무 이유도 없이 잘 살고 있는 그곳에서 집이며 논 전답을 나나 네 남편한테 상의 한 마디도 없이 다 팔아서 살기도 불편한 이 마을로 이사를 했다. 여기에 이사 오면서 농사는 연이어 폐농이 되었고 가축들은 크지도 않고 다 죽고 되는 일이 없었다. 거기에 우환만 자주 생기다 보니 너희 시아버님은 그길로 돌아가셨다. 네 남편이 제대를 하고 돌아와 보니 집은 예전집이 아니었고 아버님마저 돌아가시고 계시지 않은 집은 너무도 감당키 어려운 문제들이 산재해 있었다. 적응하기 어려운 생활변화에 두려움마저 느낄 정도였는데 고맙게도 원하는 곳에 취직이 되어 마음을 곧바로 잡을 수가 있게 되었다. 어찌나 다행한 일이었는지 모르겠다."고 하셨다.

어머니께서는 내가 많은 행운을 가져 왔다고 하시며 그해부터 농사가 풍년이 들기 시작했고 가축도 기르는 대로 잘되었다고 하셨다. 병아리를 기르려고 알을 품으면 골은 것 하나 없이 두 배 세 배까지도 부화가 잘 되었다고 말씀하시는 어머니의 얼굴에는 미소가 가득했다.

하루는 어머니께서 나를 불러 앉혀 놓고 "너도 이제는 아이도 가졌고 우리도 생활에 안정을 찾았으니 네 남편을 따라가 재미있게 잘 살아봐라." 하셨다. 정을 붙이고 살만한데 뜻밖에 마음 깊이 생각지도 못했던 말을 듣고 나니 오히려 허전한 기분이었다.

이때부터 시집에 대한 정리정돈을 제대로 해놓고 분가를 할 예정이었다. 부엌에서 음식을 할 때 쓰이는 양념을 적당히 만들어 놓아 어머니가 힘 안들이고 쓸 수 있도록 모든 준비를 해놓고 남편을 따라 갈 마음이었다.

어느 날 어머니께서 '너희도 가서 먹을 양념을 준비해라.' 하시기에 많은 깨를 볶으려고 가마솥에 불을 지폈다. 깨끗이 씻어놓은 깨를 솥에 넣고 볶는데 깨가 튀면서 부뚜막까지 흩어졌다. 언제 고소한 냄새를 맡고 왔는지 몇 마리의 병아리가 종종걸음으로 부뚜막까지 와서 쪼아 먹었다. 깨를 다 쪼아 먹고도 부엌에서 서성이는 병아리를 부엌 밖으로 모두 쫓고 문을 닫아버렸다.

마루에 걸터앉아 깨를 찧고 있었다. 다 찧어진 깨소금을 가지고 부엌으로 가는데 솥 안에 무엇이 들어 있는 것 같아 황급히 가 보았다. 병아리 한 마리가 어디로 들어왔는지 식으라고 열어놓은 뜨거운 솥 안에서 미처 나오지 못하고 죽어 있었다. 병아리가 죽어 있는 것을 본 순간 나는 화들짝 놀랬다. 불쌍한 마음보다 시어머니가 정성을 들여 기른 닭이라는 생각이 앞서 가슴이 두근거리기 시작했다. 이러한 사실을 어머니께서 아실까 봐 죽은 병아리를 얼른 집어 헛간의 잿더미 속에 파묻어 버렸다.

석양이 질 무렵에는 마당에서 모이를 찾아 돌아다니던 노오란 병아리들을 일일이 수를 세어 닭장으로 불러들여야 했다. 한 마리가 보이지 않는다면서 이 모퉁이 저 모퉁이 돌아다니며 찾고 있는 어머니를 보고 차마 말을 못했다. 나이 어린 소견에 이 일로 하여 남편을 따라가는 데 불편해질까 봐. 나도 새댁 시절에는 차마 입을 열지 못했었다. 이러한 일들이 뇌리에 스치니 다소나마 내 며느리의 행동에 동병상련이 느껴지면서 이해하기로 마음먹었다.

순간이나마 권위의식을 가졌던 마음이 눈처럼 녹아내리며 요란했던 마음이 평온을 되찾았다. 미운 정 고운 정이 듬뿍 들었을 때 애교를 떨어가며 내가 어머니께 고백했듯이 내 며느리도 많은 세월이 흐른 뒤에 언젠간 내 앞에서 어리광스럽게 말할 날이 있으리라.

프랑스의 철학자인 롱펠러가 말했다. 과거를 아는 자만이 희망을 안다고. 자기 과거를 뒤돌아볼 줄 아는 사람만이 남의 잘못을 용서할 줄 안다는 것을 마음에 새기며 모든 것을 감사하는 마음으로 돌리고 싶다.

5부

병실에서 만난 소녀

병실에서 만난 소녀

이른 아침 전화벨이 울려댔다. 수화기를 드니 웬 남자 목소리였다. 둘째아들이 다니는 회사에서 온 전화였다. 아들이 갑자기 몸이 이상한 것 같다면서 동료와 함께 도립병원으로 갔다는 것이다.

그 말을 듣는 순간부터 마음이 불안했다. 몇 분 걸리지 않는 거리였지만 조급한 마음에 택시를 잡아탔다.

월명산 아래에 있는 병원으로 가는데, 두 마리의 산까치가 마른 나뭇가지에서 지줄대는 것이 보였다. 불길하지만은 않을 것 같은 예감이 들었다.

응급실 문을 열었다.

아들의 몸에 많은 줄이 달려 있는 것을 보니 와락 걱정이 앞섰다. 황급히 연유를 물었다.

출근하는 도중 차 안에서 호흡기관에 이상이 생겼다는 것이다. 제대로 숨을 쉴 수가 없고, 정신이 어지럽고 앞에 있는 물체가 잘 안보여서 놀란 나머지 병원에 달려왔다고 했다.

얼굴은 아직도 핏기가 없어 보였고, 눈은 약간 충혈되어 있었다. 아들의 모습을 바라보고 있으려니 심장이 다 녹는 것 같았다. 눈물이 핑 돌았다.

아들을 진찰한 의사가 보호자를 찾았다. 내가 어머니라고 하자 의사는 심장 엑스레이를 찍어봐야 한다고 했다.

한참 후, 의사는 심장을 찍은 엑스레이 사진을 들고 들어와, 불빛에 비추어가며 세밀히 살피더니 우리 곁으로 왔다. 의사는 지금 상태로 보아서는 아무 이상이 없으니, 시간이 나는 대로 종합검진이나 한 번 받아 보라는 것이다. 의사는 주사가 끝나는 대로 집에 가도 좋다고 했다.

불안해하던 아들은 마음이 놓인다는 듯이 얼굴빛이 제대로 돌아왔다. 며칠 전, 한 직장에서 근무하던 동료가 잠자다가 그만 심장마비로 죽자, 자기도 모르게 쇼크를 받은 것 같다면서 지그시 눈을 감았다.

아들의 팔에 꽂힌 링거액은 아직도 절반가량 남아 있다.

나는 다리가 아파서 침대 한쪽에 걸터앉았다. 그제야 모든 것이 시야에 들어왔다. 슬며시 드리우는 빛과 함께 아들만 보이던 내 눈에 사물이 제대로 보이기 시작했다.

가만히 보고 있으려니 별아별 환자들이 많았다. 각양각색의 환자들이 신음하며 고통스러워하는 것을 보고 나는 건강만큼 중요한 것이 없음을 다시 한 번 생각했다.

아들 옆의 침대에는 소녀 하나가 영양주사를 꽂은 채, 잠들어 있다. 머리맡에는 핸드폰만 달랑 놓여 있을 뿐, 간호하는 보호자도 눈에 띄지 않았다.

회진을 하며, 환자들의 용태를 살피던 의사들이 소녀가 있는 자리로 왔다. 의사들은 자는 소녀의 얼굴을 씁쓸한 표정으로 바라보았다. 그 중의 한 의사가 소녀가 덮고 있던 담요를 걷어올렸다. 나는 순간적으로 화들짝 놀랐다. 소녀가 알몸인 것 같아서였다. 자세히 보니 옷을 입기는 했다. 하지만 소녀의 옷차림은 거의 벗은 것이나 다름없었다. 팬티만큼 짧은 반바지를 입고, 소매가 어깨선을 간신히 덮고 있을 정도의 티를 걸치고 있다. 옷을 올릴 필요조차 없이 의사는 손으로 배 위의 이곳저곳을 눌러가며 진찰하였다. 눈을 감고 있는 소녀의 눈두덩은 부어 올라 있다.

한참 바라만 보고 있던 의사가 소녀의 몸을 흔들면서 '빨리 연락하여, 보호자 오라고 하세요.'라고 말했다. 또 다른 의사는 소녀의 귀에 대고 '이 기회에 모든 것을 청산하고 부모가 있는 따뜻한 집으로 돌아가라.'는 말도 했다.

의사들의 말로 미루어 소녀가 윤락녀라는 것을 알았다. 나는 의사들의 행동에 관심을 쏟다가 평온한 얼굴로 잠들어 있는 아들의 모습을 바라보았다. 다 큰 아들도 이러건만 이제 겨우 여고생

정도밖에 안 되어 보이는 소녀가 꼬임에 빠져 가출한 후, 뭇 남성들을 상대하는 직업으로 돈을 벌고, 유흥으로 시간을 낭비하며 살아간다니. 마음이 아팠다.

조개가 진주를 만들기 위해서는 많은 아픔의 세월을 겪어야 한다. 소녀의 아픈 마음이 치유되기 위해서는 많은 시간의 흐름이 필요하겠지만, 나는 소녀가 지난 세월의 모든 것을 청산하고 하루빨리 그녀를 찾고 있을 가족들의 품으로 돌아갔으면 하는 바람을 가졌다.

회자정리라 했다. 만나면 헤어지고, 오면 가고, 시작이 있으면 끝이 있는 것과 같이 소녀와는 이번엔 이렇듯 병실에서의 만남이 있었지만 언젠가는 옷깃이라도 스쳐 지나가는 만남의 인연이 또 있을지도 모른다. 그때에는 소녀가 삶을 사랑하며 시간을 아끼고 모성의 사랑을 그리는 여인으로서 승화된 모습의 만남이 되었으면 싶다.

외롭고 쓸쓸하게 누워 있는 그 예쁜 소녀가 아픔을 못 이겨 고통스러워하는 것을 보니 너무 가슴이 아파 나는 소녀를 위하여 울어주고 싶고, 기도해 주고 싶었다. 아무 말도 하지 못하고 주사를 다 맞은 아들과 함께 병실을 뒤로했다. 지금도 마음에 걸린다. 제 아들만을 챙긴 어머니 꼴이 되었으니.

고모님과 물레

밤낮없이 고모님이 돌렸던 물레는 옛 여인들의 생계수단의 수레바퀴였다. 조개는 긴 세월의 아픔 속에 진주를 낳듯이 인고의 과정을 겪으며 물레는 의복을 낳는 기구로서 필수의 도구이다. 하얀 면화송이가 손끝에서 여름 하늘에 소생하는 적운형 구름처럼 새하얗게 피어오르는 것을 볼 때마다, 내 고모님의 모습도 하얀 면화송이를 닮은 듯했다.

물레를 돌릴 적마다 그 속에서 생명 줄기와 같이 계속 뽑아 나오는 실 줄기는 우리들의 의복이 되는 무명을 짜내는 실타래들이었다. 우리 인간에게서 가장 기본이 되는 의식주 가운데 입성을 만들어내는 가장 원초적인 것은 물레만이 해낼 수 있고 그것은 한 가정의 보물도구였다. 옛말에 한 끼 굶은 것은 남이 모르지만 입성이 남루한 것은 남 앞에 나타나기 때문에 제일 먼저 눈에 띄는 법이라고 했다.

물레를 돌려 뽑아낸 면화송이의 무명실은 모든 과정을 거친 뒤에 베틀로 짜서 옷감을 만들어낸다. 장날이 돌아오면 읍에 나가 무명필을 팔아 한 가정의 생계를 이었다.

꽃은 꿀을 주면서 웃고 벌은 꿀을 가지면서 운다고 한다. 가난했지만 나눔과 인정이 넘쳐났던 옛 사람의 심성이었다. 내 고모님도 남과 다를 바가 없었다. 많은 것을 소유하고 있으면서도 항상 모자람에 허덕이는 갖은 자를 부러워하지 않는 소신 있는 삶을 물레와 벗삼아 살아오셨던 고모님이셨다.

호롱불 밑에서 밤이 새도록 물레를 돌리셨던 고모님의 한 생이 어렴풋이 떠오른다.

6·25때 피난을 가서 보았던 물레는 어느 조상 때부터 돌리며 써왔던지 많은 손때가 묻고 군데군데 헝겊으로 제비 다리 묶듯이 묶은 것을 볼 수 있었다. 고모님께서 물레를 돌리기 전에 제일 먼저 하는 일이 있다. 쓰다가 고장이 날까 봐서인지 이곳저곳을 살피고 잊지 않고 기름칠까지 했다. 느슨해진 헝겊을 다시 풀어서 완벽하게 매듭을 지어 묶어 놓는다. 깊은 잠속에서도 물레소리는 항상 들려왔다. 어린 마음에도 잠을 설칠 때마다 목숨줄만큼이나 소중한 소리이기에 음률의 가락으로 새기며 잠을 달랜 적이 많았다. 고모님의 한 많은 숨소리마저 물레의 음률에 묻혔다.

삶의 무게에 짓눌린 한 여인의 일생은 벙어리 냉가슴 속에서

뿜어나오는 한숨마저 물레의 소리와 간간이 화음을 이루어 돌아갔다. 한평생 내 고모님의 동반자인 물레는 아침에 떠오르는 먼동의 밝음 속에서 저녁 석양에 피는 분꽃이 질 때까지 한몸처럼 살아온 숱한 세월이었다. 하얀 구름 같은 면화송이를 수십 트럭이 될 정도로 만지셨고 실타래는 고모님이 사시는 마을을 몇천만 바퀴를 돌 수 있을 정도로 뽑아냈으며 무명베는 수십 필을 베틀에 앉아 짜냈다고 하셨다. 삶도 물레를 돌리는 숙명도 고모님의 일생을 그림처럼 그려냈던 애환의 생활 철학이 아니었나 싶어진다.

어머니

어머니! 하고 불러만 보아도 가슴은 여전히 저리고 뜨겁다.

어릴 적부터 보아왔던 내 어머니의 머리맡에는 항상 책이 놓여 있었다. 한 시대의 여성으로서 독서가였다. 책도 구하기 어려운 시절에 어디에서 구입해서 읽는지 장한 어머니셨다.

어머니 머리맡에 놓여 있는 책 중에 내가 처음으로 읽어 보았던 책은 열한 살 적에 최독권이 쓴 ≪승방비곡≫이었다. 어린 마음에도 그 책을 읽으면서 슬퍼서 얼마나 울었는지 모른다.

그때부터 어머니의 머리맡에 놓여있는 책이라면 무조건 다 읽었다. 이광수의 ≪유정≫, ≪무정≫, 대표작인 ≪흙≫, 김만중의 ≪구운몽≫까지도 어린 나이에 읽었다. 어린아이가 공부는 하지 않고 쓸데없는 소설에 취미를 가지면 안 된다는 아버지의 많은 꾸지람 속에서도 몰래 계속 읽었다.

봄, 가을 없이 내 어머니께서는 우리 6남매를 데리고 가끔 야외에 놀러 나갔다. 교통수단으로는 고작 소구루마와 말구루마와 리어카, 지게가 전부였다. 거기에 기차나 인력거가 있었고 가뭄에 콩 나듯 관용차들이 다닐 뿐이었다.

우리 가족은 언젠가 야외로 놀러나갔다가 많은 비 때문에 집으로 돌아오는 길에 인력거 두 대를 잡아타고 온 적이 있다. 그때가 아마 일제강점기여서 인력거를 타지 않았나 싶다.

어머니께서는 우리들의 정서교육을 위해서 사철없이 김밥도시락을 싸가지고 가까운 산이나 들 구경을 나가곤 했다. 5월 5일 단오 때마다 덕진연못에 가 집배를 타고 놀았고 나무에 메어놓은 그네도 탔다. 호수로 나가 우리들의 머리를 창포물에 감겨 주셨다. 남다른 정서가 있는 어머니께서는 우리들을 데리고 야외로 나갈 적마다 좋은 경치를 보거나 아름다운 꽃과 나비를 보아도 자리에서 즉흥시를 지어 읊어 주셨다. 지금에 와 생각해 보면 그 좋은 시를 받아 기록해 두지 못한 아쉬움이 남는다.

우리 6남매 중 어머니를 닮은 자식은 없는 것 같다.

내 어머니의 유년 시절은 집에서 한문선생을 두고 공부를 배웠다고 한다. 그래서 그런지 어머니께서는 우리가 모르는 한문도 물어보면 뜻풀이와 해석까지 하며 가르쳐 주시곤 했다.

어머니께서는 틈이 나는 대로 책을 보았다. 책을 다 읽고 나면 우리 남매를 모아놓고 독후감을 말씀해 주셨다. 우리가 어릴 적에는 밤이 돌아오면 방에 죽 누으라 하시고 장자집의 쥐 이야기를 재미있게 들려주셨다. 장자집의 쥐 이야기를 들으면서 많은 슬픔에 울었는지 자고 일어나보니 눈은 은행알처럼 퉁퉁 부어 있었다.

그 이야기 줄거리는 아직도 머리에 남아 있어 내 어린 아이들한테까지도 소상하게 들려주었다. 슬픔을 감추지 못한 아이들의 눈에서 눈물방울을 볼 수가 있었다. 그 광경을 보면서 그리움에 사무친 내 어머니의 모습을 더듬게 되었다.

가끔 떠오르는 일인데 나의 어머니께서는 부엌에 나가 일하시는 것을 한 번도 본 적이 없다.

부엌일은 아줌마나 일하는 언니들이 했다. 재봉틀 앞에서 늘 상 아버지 한복 우리 6남매 옷을 만들거나 다시 고치거나 떨어진 곳을 지어주셨다. 철따라 이부자리도 어머니 손에서 아름답고 깨끗하게 만들어졌다.

내 어머니께서는 나이가 들면 들어갈수록 꽤 멋을 내신 분이셨다. 내 어린 기억으로는 어머니께서 여름이 오면 항상 모시옷을 장롱에서 꺼내어 새로 손질을 했다. 어머니께서 하시는 일을 앉아서 가만히 보고 있으면 꽤 흥미가 있어 보였다.

약방에서 일하는 아이를 시켜 약에 쓰이는 치자를 가지고 오라고 해서 물에 담가 놓았다. 시간이 지나면 지날수록 노란 물이 나오기 시작했다. 그 물에 아버지 모시옷을 살짝 담가 안동모시처럼 노르스름한 빛깔을 냈다. 어머니의 치마저고리에는 짙은 치자 물을 들여 예쁘고 우아한 노란색의 빛깔이 떠오르게 했다. 또 다른 모시옷에는 세숫대야에 비눗물을 풀어 놓고 남색 잉크 물을 살짝 서너 방울 떨어뜨려 물을 살포시 들이면 얼룩진 곳이 없이 새모시 옥빛으로 탄생하는 것이었다.

연세가 드시면서 무척이나 좋아한 책은 ≪단종애사≫였다. 그 책을 시간이 나는 대로 읽고 또 읽고 또 읽어 수십 번을 읽지 않았나 하는 생각이 든다. 내 어머니와 단종은 전생에 무슨 인연이 있었기에 단종애사의 책을 볼 때마다 눈물이 마를 날이 없었다. 꼭 그 책을 읽고 난 다음에는 으레 수양대군에 대한 원망을 하셨다. 숙부인 수양대군이 어린 단종을 방에 가두어 놓고 불을 계속 때서 뜨거운 방에서 죽어가게 했다고 가슴이 너무 저리고 아프다고 하셨다. 그 죄의 대가로 수양대군이 무서운 피부병까지 얻었다고 우리들한테 가끔 이야기를 해주셨다. 죄를 지으면 죄의 대가를 꼭 받는다는 말씀도 잊지 않고 하셨다.

내 어머니께서는 장암으로 투병하시면서까지도 단종에 대한 애착이 컸다. 약방을 운영하는 아버지 덕으로 10년을 넘게 사셨다. 어머니께서는 돌아가시기 몇 개월 전에 그 몸으로 강원도 영월에 있는 단종 묘에 사람을 데리고 다녀왔다.

어머니의 임종이 가까워지자 돌아가시기 전날 관에다 ≪단종애사≫ 책을 잊지 말고 꼭 넣어달라고 했다. 왜요? 하고 물어보자 저 세상에 가면 수양대군을 찾아서 나이 어린 조카 단종을 왜 참혹하게 죽였느냐고 따져 묻고 싶다고 말씀하셨다.

집념과 사상이 명확하셨던 내 어머니는 사실 그 시대의 여장부이면서도 문장가였다. 한문에 대한 문장이 박식했다. 한 시대의 지성과 멋을 갖춘 분이셨다.

그 어려운 시기에도 학구열이 대단한 분이셨다. 우리 6남매 고등학교에서 대학까지 가르치신 분이다. 한 시대를 앞서가는 어머니셨다. 교육은 인생을 살아가는 데 가장 원초적인 삶이라고 귀에 가시가 돋도록 말씀하셨다. 딸들한테는 배움이 없으면 머슴한테 시집을 갈 수밖에 없다고 하던 내 어머니셨다.

그러한 교훈 속에 자라왔는데도 끝까지 어머니의 기대를 저버리고 시집을 가겠다고 고집을 피웠다. 결국 고등교육에서 끝을 맺고 시집을 간 나에게는 어머니에 대한 죄책감이 없지 않았다. 어머니를 그리움에 사뭇 떠올릴 때마다 어리석음에 후회스러울 때가 종종 있었다.

언제나 내 어머니의 치맛자락에서 풍겨오는 어머니의 내음은 항상 코끝에 머물러 있다. 이 시기에 다다르니 오랜 세월 앞에 펄럭이는 치맛자락만 눈앞에 어른거릴 뿐 그윽했던 어머니의 내음은 떠난 지 오래다. 그러나 어머니! 하고 다시 불러도 떨림은 여전하다.

우렁이와 손자

어느 날 학교에서 돌아온 초등학교 4학년인 손자 녀석이 끙끙거리며 우유팩 속에 무엇인가 담아가지고 들어왔다.

내가 유일하게 기록하는 노트를 한참 찾다가 우유팩을 들고 분주히 왔다갔다하며 부산을 떨고 있는 녀석을 물끄러미 바라보았다. 손자 녀석은 제자리에 놓아야 할 책가방은 아무렇게나 던져 놓고 신바람을 내며 우유팩 속에 있는 물건에 모든 신경을 쓰는 듯했다. 그 속에 무엇이 들어 있기에 그러느냐고 물었더니 우렁이가 들었다고 했다.

무슨 재주로 우렁이를 키우려는지 많은 의심이 갔지만 동심의 세계에서만 있을 수 있는 일이기에 슬그머니 모르는 척했다. 싱크대 문을 열었다 닫았다 하는 소리가 귀에 거슬릴 정도로 요란했다. 유리컵에 물을 담아 키워보겠다는 것이다.

식구들은 한 번씩 유리컵에 무엇이 들어 있나 하고 쳐다본다. 거실에 있는 화분대에서 화분을 내려놓고 대신 그 위에 딱 올려놓았기 때문에 집안 식구들 눈에 잘 띄었다.

그런데 그 이튿날 또 새끼 우렁이를 가져왔다. 얼마나 작은지 내 눈으로는 도저히 식별할 수 없어 돋보기를 쓰고 보니 조그맣게 생긴 것이 있을 것은 다 있다. 등껍데기며 혀처럼 내미는 몸이며, 양쪽으로는 더듬이까지 있다. 너무 작은 것이, 움직이는 것이 신기하기도 하고 앙증스럽기도 했다.

조금 있으니 딸내미가 불러서 거실로 나가 봤다. 우렁이가 담긴 유리컵을 가리키며 새끼우렁이가 큰 우렁이 등에 업혀 있다는 것이다. 큰 것이 제 애미인 줄 아나 하면서 제 새끼가 갖다 놓은 걸 좋아하는 눈치였다.

그런데 손자 녀석이 그걸 어디에서 가져왔는지 행선지를 물어보았어야 했는데 하며 궁금해 하고 있을 때였다. 때마침 학교에서 여느 때보다 빨리 돌아오는 손자 녀석을 불러 저 우렁이는 어디서 가져왔느냐고 물어보았다. 학교 연못에서 건져왔다고 말하는 순간 몇 달 전에 있었던 일이 스쳐지나갔다.

손자 녀석은 학교에서 돌아오면서 입속에 무엇이 들어 있는지 오물거리고 있었다. 입속에 무엇이 들어있느냐고 물어보자, 녀석은 사탕이라고 말했다. 어디에서 났어 하고 재차 물었다. 자기 친구가 준 거라고 말하면서 호주머니에서 댓 개나 더 내놓았다.

좀 이상한 기분이 들었다. 어떤 친구가 이렇게 많이 주었느냐고 다그쳐 또 물었다. 녀석은 당혹스러웠는지 머뭇거렸다. 어릴 때부터 물건으로 친구를 사귀는 버릇은 좋지 않은 결과를 낳기 때문에 은근히 신경이 써졌다. 마음을 주는 버릇을 키워야지 그렇지 않으면 아름답게 자랄 수 없기 때문에 이 기회에 교우관계 맺음을 알려주고 싶었다.

그랬더니 친구가 사준 것이 아니라고 솔직하게 경위를 말하는 것이다. 학교 앞에 농협이 있는데 고객을 위해 바구니에 소복이 담아 놓은 사탕을 몇 놈이 들어가서 가져온 것이다. 사연을 들어본즉 처음엔 하나만 집어 왔는데 다음에는 몇 개를 더 집어 호주머니에 넣고 온 거라는 것이다. 스스럼없이 이야기하는 손자 녀석을 바라보는 순간 맞벌이하는 딸내미가 미워지기도 했다. 한참 아이들 교육에 신경을 써야할 부모들이 돈벌이에 몰려 자식 교육을 망치는 것이 아닌가 걱정되었다.

녀석에게 사탕을 은행에 있는 바구니에 넣고 오라고 했다. 그 행동은 남의 물건을 훔친 것이니 도둑이나 다름없다고 매몰차게 말하며, 경찰 아저씨한테 이를 테니 빨리 갖다놓고 오라고 위엄있게 말했다. 손자 녀석은 무척이나 망설이는 것 같았다. 갖다 놓고 싶지만 은행원이 놓는 걸 보고 자기더러 도둑이라고 할까 봐서 그러는지 선뜻 나서질 못하는 눈치였다.

때마침 퇴근하고 돌아오시는 할아버지께 사연을 다 말씀드렸더니 인자한 할아버지께서 화난 표정을 짓자 놀란 손자 녀석은 무릎을 꿇고 잘못했다고 용서를 비는 것이었다.

나는 할아버지한테 손자 녀석을 데리고 은행에 가서 사탕을 제자리에 놓고 오도록 했다. 할아버지와 손자가 은행에 찾아갔을 때에는 이미 문이 닫혀 있었다고 했다. 수위아저씨가 막 나가려고 하는 찰나 할아버지께서는 우리 손자가 아이들하고 와서 사탕을 집어왔으니 따끔하게 주의를 주라고 하니까 괜찮다고 하는 수위아저씨에게 할아버지께서 눈짓을 하셨다고 했다. 수위아저씨는 잽싸게 눈치를 채고 손자 녀석의 머리를 쓰다듬으며 말했다. "사탕을 말없이 많이 가져가는 것은 나쁜 아이들이 하는 짓이니 하나만 먹는 거란다. 그것도 엄마나 아빠가 은행에 오실 때 같이 와서 기다리는 시간에 먹는 거야."라고 일러주었다. 손자 녀석은 속이 다 시원한지 손바닥을 두어 번 탁탁 털더니 잘못했다고 용서를 빌었다. 다음부터는 다시는 그러지 않겠다고 다짐하며 할아버지 손을 잡고 왔다.

첫 단추를 잘 끼워주어야 마지막 단추 낄 자리가 있듯이 처음 사소한 것에 신경을 쓰지 않으면 나중에 모든 사물을 예사로 생각해서 큰 문제가 발생하는 것이다.

그 뒤로는 작은 것이라도 남의 것이라면 쳐다도 보지 않던 손자 녀석이 우렁이를 가지고 왔다. 그래서 내가 더 놀랄 수밖에 없었다. 학교 연못에서 가져올 때는 선생님한테 허락을 받고 가져온 것은 아니었다. 그래서 손자 녀석에게 우렁이를 학교 연못에 다시 넣고 오라고 했다. 이것도 남의 물건이나 다름없으니 절대 손을 대서는 안 된다고 타일렀다.

그리고 이 우렁이는 큰 연못에서 살아야 한다고 했다. 작은 유리컵 속에서 살면 며칠 못 가 답답해서 죽을 거라고 했다. 너도 엘리베이터를 타고 가다가 고장이 나서 그 좁은 곳에서 며칠이나 갇혀 있다면 답답해서 살 것 같으냐 못살 것 같으냐고 물어보았더니 손자 녀석은 머리를 갸우뚱 거리더니 아빠 엄마도 못보고 답답해서 못 살 것 같다고 말했다. 우렁이들도 말을 못해서 그렇지 똑같은 심정이라고 일러주었다. 내일 학교 연못에 꼭 넣고 와야 한다고 다짐을 했다. 알았다고 말하는 손자 녀석은 유리컵에 있는 우렁이를 한참 동안 물끄러미 바라보며 “우렁아 미안해. 내일 너희 집으로 가자.” 하며 숙제할 준비를 했다.

훗날 내 손자 녀석이 할미의 마음을 알아주는 날이 있으리라 믿는다.

수위공덕

어느 날 언니는 원불교에서 선을 난다고 말했다. 나는 그 말을 선뜻 이해할 수가 없었다. 내가 다시 물어보자 언니는 자세히 설명해주었다. 법이 높으신 분이 군산에 오셔서 며칠을 정해놓고 인과에 대한 법문을 설법해주는 거라고 했다. 시간이 있으면 모든 것을 놓고 잠깐 언니를 따라 가서 좋은 법문을 들어보자고 했다. 언니는 나에게 몇 차례 권했다. 이 기회에 좋은 말씀을 듣고 다니면서 같이 마음공부를 해보자고. 내가 선뜻 나가기를 꺼리자 언니는 제부라도 모시고 가서 설법을 들어야겠다고 했다.

설법을 듣고 온 남편은 무슨 좋은 말씀을 그토록 감명 깊게 듣고 왔는지 나에게 꼭 한 번만 들어보면 좋을 거라고 말했다.

언니의 간절한 염원 속에 우리 셋은 택시를 탔다. 원불교 간판이 붙어 있는 곳에서 내렸다. 화려한 건물은 아니었다. 언니를 따라 건물 안으로 들어가 보니 조그마한 교실 같은 법당에 많은 사람들이 모여 앉아 있다. 우리 일행도 한 자리를 차지하고 앉았다.

시간이 되자 법복을 입은 여자 교무와 나이가 약간 들어 보이는 깡마른 남자 법사님이라고 하는 분이 나왔다. 둥그런 일원상 앞에 약간 고개를 숙이고 소파가 있는 곳으로 가 앉았다. 처음 접하는 내 마음은 잔잔한 호수에 낙엽이 한 잎 뚝 떨어져 약간의 파문이 인 듯 설렘을 느꼈다.

여자 교무님은 모든 것을 깔끔하게 정돈을 하고 나서 선을 나기 시작했다. 죽비를 세 번 치더니 모두는 앉아 있는 채로 두 손을 모아 가슴 가까이 대고 절을 했다. 우리 일행도 따라했다.

조금 마르신 법사님은 법복을 단정하게 여미고 일원상 앞에 정중하게 인사를 했다. 또 우리를 향하여 합장을 하며 공손히 인사를 하고 나서 단상에 섰다.

그 법사님은 인과이치에 대한 설법을 하기 시작했다. 법사님은 김 법사님이라고 소개했다. 무등산 총각이라는 인연법의 주제를 가지고 이야기하시는 법사님의 눈빛은 호수처럼 맑고 명경 알처럼 깨끗했다. 꼭 사랑방에서 구수한 야담을 듣는 것처럼 너무 재미있고 이치에 꼭 맞는 그 이야기 속으로 나는 빠져들었다. 언니는 가끔 법문을 들으면서도 내 눈빛을 살폈다.

나와 언니의 얼굴이 마주칠 때마다 언니는 잘 따라왔지 하는 얼굴빛을 내비쳤다.

며칠 밤낮으로 많은 인과법문을 들었다. 나는 그때 삼십대 초반이었는데 인과에 대한 이치를 생각하며 살아온 적이 없는 것 같았다. 인과에 대한 중요함을 처음 느끼었다. 상생의 인과는 몰라도 상극의 인과는 너무 무섭다는 생각이 들었다.

나는 언니를 따라 원불교 공부를 열심히 해야겠다는 생각이 들었다. 나와 남편은 언니가 권하는 대로 원기 58년도에 원불교에 입교했다. 교당은 군산교당, 양 교무님과 이 선생님이 있을 때였다. 우리는 그때부터 일원의 가족으로 교당에 다녔다. 언니를 따라 교당에 다닐 때 갑자기 혈압으로 시어머님이 돌아가셨다. 나는 그 충격으로 잠을 못 이루는 마음병을 얻었다. 언니는 열심히 교당에 다니면 마음의 병을 고칠 수 있다고 했다.

우리 언니는 군산에서 산부인과를 하는 형부와 살고 있다.

언니는 원불교에 잘 다니라는 정표로 나에게 책 한 권을 선물했다. 그 책 속에는 모든 마음공부가 들어 있다고 했다. 책표지를 보니 ≪대종경≫이라는 경전이었다. 무슨 책이든지 읽기를 좋아하는 나는 선연의 말씀이라 더욱더 관심을 보였다.

내가 원불교에 입교한 만 삼 개월이 되는 어느 날이었다. 양 교무님과 이 부 교무님, 교도 몇 사람과 학철씨와 언니는 나를 데리고 총부에 간다고 했다. 총부에는 원불교에서 법이 제일 높으신 분이 계시는 곳이라고 일러주었다.

학철언니는 종법사님을 뵈면 잃었던 마음을 되찾아 병이 나을 수 있다고 말했다. 나는 그 소리에 마음의 문을 열고 몸은 괴롭지만 따라가기로 약속했다.

우리 일행은 익산행 버스를 탔다. 정류장에서 내려 총부까지 가는 시내버스를 탔다. 나는 몸도 마음도 몹시 괴로워 그저 하라는 대로 따라만 했다. 지금 와서 생각하면 그때 어느 건물에서 종법사님을 처음 뵈었는지 기억이 잘 나지 않는다.

교무님을 따라 우리 일행은 어느 건물로 들어갔다. 거기는 아주 위엄이 깃든 장소 같았다. 우리들은 소파에 앉아서 한참을 기다렸다. 어떤 남자분이 오셔서 인사를 하며 곧 법사님이 나오실 거라고 말해주었다. 학철언니는 가만히 내 귀에 대고 종법사님을 시봉하시는 분이라고 일러주었다.

종법사님을 기다리는 교무님이나 교도들은 한결같이 긴장을 늦추지 않은 표정으로 앉아 있었다.

조금 후에 시봉하는 분이 먼저 또 나오셨다. 종법사님께서 지금 나오신다고 말해주었다. 모두는 일어서서 옷깃을 다시 여미고 흐트러진 머리를 손으로 씻어올려 단정하게 하고 종법사님을 뵐 마음 준비를 하고 있었다.

교무님은 해맑은 미소를 지으며 종법사님께 우리 일행을 자세히 소개했다. 모두 차례로 소개를 하고 난 다음 내 차례가 왔다. 입교한 지 몇 개월 안 되는 교도는 얼마 전에 시어머님이 갑자기 돌아가시자 그 충격으로 마음병을 얻어 제대로 밤잠을 못 이루고 노이로제에 걸려 있는 상태라고 말씀을 올렸다. 그 순간에 최수인화 법사님이라고 하는 분이 문을 막 열고 들어오시자, 종법사님께서는 나를 향하여 "저 법사님과 악수를 하라. 법이 높으신 분과 손만 잡아도 악이 소멸되니 자주 뵙고 가까이 하라."고 말씀하셨다.

나는 말씀이 끝나자 얼른 쫓아가듯 가 최수인화 법사님의 손을 덥석 잡으며 "죄송합니다."라고 말씀을 드렸더니 맑고 깨끗한 얼굴에 웃음이 가득했던 기억이 지금에 와서도 잊을 수가 없다. 최수인화 법사님은 학철언니가 종법사님을 뵈러 왔다는 이야기를 듣고 찾아왔노라고 말씀하셨다.

내가 처음 뵌 종법사님이셨다. 나는 그때는 원불교에 대한 주체사상도 잘 모를 때였고 종법사님을 처음 뵈었으니 사리 분별 못하는 아이가 입에 칼을 물고 물가로 가는 격이었다.

그렇지만 법 높으신 종법사님께서 학철언니가 찾아가 뵐 때마다 나를 챙기시었다고 했다. 종법사님의 마음공부 설법을 열심히 듣고 배우면서 순간이나마 잃었던 마음을 되찾게 되었다. 이따금씩 신앙이 흔들리려고 할 때가 있었지만 종법사님의 깊은 사랑의 힘으로 여기까지 오지 않았나 싶다.

인연의 자리

나이가 들면서 건강 문제에 신경이 쓰인다. 사는 날까지 건강을 잘 지켜 죽을 때까지 자식들한테 피해를 주지 않아야 한다는 말은 나이 많은 사람들 입에서 오르고 내리는 소리이다.

음식도 건강을 따져서 먹게 되고 잠자는 것까지도 시간을 정해 놓고 될 수 있으면 지키려고 애를 쓰고 있다. 아침 일찍 일어나 스트레칭부터 시작하고 밖으로 나가 정원을 거닐어 본다.

이 나무 저 나무 살피면서 긴 호흡도 해보며 이 화분 저 화분 만져가며 물을 주기도 하고 잘라 줄 나뭇가지가 있으면 손질도 해준다.

주위를 말끔히 잘 살펴내어 환경을 아름답게 만들어 본다.

젊은 나이에는 무조건 화분에 예쁘고 특색 있는 꽃 종류를 사다 심었는데 나이 탓인지 꽃보다는 무공해인 채소가 그리워져 갖가지 상추, 고추, 가지 등을 심어놓았다.

아침 저녁으로 어린아이 돌보듯 화분에 물도 주고 손질도 해준다. 옛날 내 어릴 적에 어머니께서 하신 말씀이 떠올랐다. 그때도 친정집에 텃밭이 있었다. 가지 모종을 친구들이 몇 그루 주기에 심었다.

어머니는 막내인 나를 바라보시며 시장에 가서 고추나무 몇 그루를 사다 심으라고 했다. 고추나무 사이에 가지나무를 곁들여 심어 놓으면 서로 시샘을 해서 많은 고추와 가지가 열린다고 일러 주셨다. 그 생각이 문득 떠오르자 고추 심은 화분 옆에 가지심은 화분 몇 개를 열거하여 놓았다.

인간의 세계에서만 시샘이 있는 줄 알았는데 말 못하는 생물의 세계에서도 서로 많이 열리려고 하는 시샘이 있는 줄을 그때야 알았다. 이것저것 다 정돈을 하면서 계단을 깨끗이 쓸고 있는데 희한한 것이 눈에 들어온다. 이 광경을 보는 순간 사람이건 생물이건 삶의 터전에도 좋은 인연자리 복은 꼭 있는 법이라는 걸 깨닫게 되었다. 인간에게도 좋은 부모의 인연 복이 있어야 어릴 때부터 의식주 걱정 없이 잘 자라는 것이다.

역시 나무나 식물들도 옥토에 심어지고 좋은 환경에서 자라야만 훌륭한 열매를 맺고 아름다운 꽃을 수월하게 피워내는 것이다. 그런데 요사이 신경을 쓰이게 하는 국화나무가 있다. 그 나무는 자리의 인연 복이 없었는지 씨앗이 바람에 흩날려 떨어져서 자리를 잡은 곳이 하필이면 이웃집 슬레이트 지붕 위였다.

내 집 2층 계단을 밖으로 낸 까닭으로 이웃집 지붕과 닿을 정도로 붙어 있다. 흙도 전혀 없고 먼지가 쌓이고 쌓여 이끼가 두터워진 속에 비바람과 햇볕을 받으며 싹을 틔운 것 같다. 하나의 싹을 틔워 나무가 자라는 순간까지 얼마나 인고의 나날을 보낼지 너무도 잘 알 것 같아 숙연한 생각이 들었다.

하나의 생명의 등불을 밝히기 위해 모진 고통을 이기고 이렇게까지 살고 있다는 것은 얼마나 놀라운 삶의 애착인지 나 자신이 배워야 할 삶의 철학이 아닌가 싶었다.

모든 생물이 말은 없어도 자기의 소신은 다할 줄 안다고 했다. 이 국화나무도 벌써 가지를 계단 쪽으로 기울여 뻗고 있다. 사람들이 오르고 내리고 하는 것을 아는지 자기의 모든 찬란함을 보여주기 위해 계단 쪽으로 길게 가지를 뻗은 것이다.

어느 날 태양빛에 자꾸 달아오르는 슬레이트의 열기 속에서 국화나무는 더 이상 버틸 수가 없었는지 거의 죽을 지경에 이르러 시들어 있었다. 그런데도 얼마나 강인하고 독한 식물인지 미처 물을 주지 않고 밤을 새운 다음날 아침 일찍 생각이 나서 계단에 올라갔는데 더 푸르고 싱싱하게 아침이슬과 햇빛을 머금고 살아 있는 것이다.

모진 목숨이라는 말은 사람에게만 해당하는 것은 아닌 것 같다. 이러한 식물의 생명체에도 모진 목숨이 붙어 있는 것 같다.

처음에는 시들어 있는 것을 보고 뽑아 버릴까도 했다. 말 못하는 식물이라고 괜히 고생과 고통을 주면 안 되겠다 싶어 화분으로 자리를 옮겨줄 생각도 해봤다. 그런데 이렇게 생명력이 강인할 줄이야.

그래 한 번 떨어진 자리가 그 나무의 본향 자리가 아닌가 싶어 그냥 그대로 두기로 마음먹었다. 사람도 고향에 살다가 타향으로 이사를 하면 한동안 낯설어 타향살이를 한다고 했다. 그렇듯이 이 국화나무도 슬레이트 열기 속이나 흙이 모자라 먼지나 이끼 속에서 자라고 있지만 그런대로 그 자리가 자기의 첫 인연으로 씨앗이 떨어진 자리라고 안심하고 자라고 있는 것 같다.

궁리한 끝에 그 자리에 두기로 하고 꽃삽으로 흙을 퍼서 대야에 담아 계단 쪽으로 끙끙거리며 가지고 올라갔다. 국화나무에 흙을 북돋아주고 물도 주었다. 뿌리를 살짝 건드려 보니 얼마나 생애의 애착을 가지고 자랐는지 슬레이트 지붕 위에 꼼짝 않은 체 붙어 있다.

그래도 무엇인가 부족한 것만 같은 생각이 들었다. 한여름에 슬레이트가 달아오르면 제대로 숨도 못 쉬어 금방 시들어 버릴 것 같은 생각이 들었다. 주위를 살펴보니 깊이가 긴 물통들이 모퉁이 한구석에 자리를 잡고 있다. 그 물건들을 꺼내 슬레이트 지붕 위로 가지고 가 국화나무 가까이에 놓아두었다. 볕 따가운 여름에는 그늘이 되어주고 추운 겨울에는 바람을 막아주는 보호막이 되도록. 아침마다 계단을 오르면서 하루종일 뿌리가 마르지 않도록 물을 흠뻑 주곤 한다.

인연에는 상생과 상극의 인연이 있다. 상극의 인연을 만나는 것도 상생의 인연을 만나는 것도 불가에서는 전생 업이라고 한다.

바람이 부는 조화에 따라, 모든 나무의 씨앗들은 순간의 인연에 따라 슬레이트 지붕 위에 앉은 것도 있고 아스팔트 귀퉁이에 떨어진 것도 있으며 틈새 간 시멘트 골목길 가에도 떨어져서 비바람, 이슬을 맞으며 싹이 터 자라서 꽃을 피운다.

이러한 광경을 볼 때마다 사람이건 생물이건 모든 태어나는 자리 복을 잘 타고나야 한다는 생각이 든다. 무슨 업이기에 마지못해 이토록 슬레이트 지붕 위에서 몸부림을 쳐가며 최후를 맞아야 하는 것인가 싶은 생각에 고심참담함이 가슴에 파고든다.

이것도 나와 저 국화나무의 인연인가 싶어 아침마다 물을 주려고 계단에 오르고 보면 가지들이 하나씩 하나씩 번식하며 싱싱하고 짙푸르게 자라고 있다. 물을 줄 때마다 어떠한 색깔의 아름다운 꽃이 피어날 것인가 궁금해지기도 한다.

가을이 오면 그때의 철을 맞아 꽃과 향을 풍기며 그간에 겪었던 인고의 세월을 말하듯이 무슨 색으로든 아름다움을 뽐내며 보여줄 것만 같다.

그간 모든 일들을 나이 탓으로만 돌리던 안일한 나에게 강인하게 자라는 국화의 철학은 내게 신선한 충격을 주었다. 이제부터라는 단어를 머리에 각인시키며 새로운 삶에 도전하려 한다.

이성의 하늘 아래서 본 일본

전화벨이 울렸다.

일본에서 교육을 받고 있는 그이한테서 온 전화인 줄 알고 얼른 수화기를 들었는데, 아니었다. 친구로부터 온 전화였다. 이른 새벽부터 전화를 한 친구는 해외여행에 대한 이야기를 하였다. 이번에 주부대학에서 일본으로 여행을 가게 되었는데 인원이 삼십 명이 되어야 추진할 수 있다는 것이다. 그런데 세 사람이 부족하다면서 같이 갈 수 있느냐고 물어왔다.

나 역시 한 번쯤은 가고 싶었던 일본 여행이었지만 주부가 된 입장이라 선뜻 대답할 수 없어서 나중에 연락해 주겠노라고 말했다. 그렇지 않아도 그이를 따라 일본 구경을 하려고 했었는데 그 소리를 듣는 순간 접어두었던 마음이 파도처럼 나래를 폈다.

드디어 기다리던 그이로부터 전화가 왔다. 나는 설레는 가슴으로 친구가 한 이야기를 전했더니 흔쾌히 허락을 했다. 허락을 받은 나는 친구가 해 가지고 오라는 서류를 해다 주고 마음이 내내 들떠 있었다.

해외여행을 간다고 생각하니 준비할 것이 많은데도 일손이 잘 잡히지 않았다.

3박 4일의 여행 예정일이 다가왔다. 자식들이 다 커서 집 걱정은 없다. 약속시간에 맞추어 공항으로 나갔다.

공항에는 일행들이 벌써 와 있었다. 윤자동생과 숙현씨도 있었다. 시간이 되어 가이드로부터 주의사항과 나누어 준 표를 받아 들고 탑승객들 틈에 끼어 입구로 나갔다. 긴장된 마음을 억누르며 큰 독수리만 한 크기의 비행기에 몸을 담았다. 가슴속에는 심장이 그네를 타며 뛰기 시작했다. 나와 윤자동생은 앞좌석 창 옆에 앉았다.

비행기 이륙을 위한 엔진 소리가 요란하게 났다. 장미꽃처럼 예쁘게 생긴 에어 걸들이 서비스에 한창이었고 시간이 다 되어가자 한 에어걸이 에어백을 가지고 나와서 사고 대책에 대한 설명을 해주었다. 푸른 창공을 향해 높이 솟아오르고 있을 때 돌연 정신이 아득해짐을 느꼈다. 나는 무의식적으로 두 손을 모으고 기도를 하며 무사함을 간절히 빌었다. 빌고 있는 내 마음은 탐욕도, 성냄도 벗어놓았다.

목적지인 후쿠가와 공항에는 시간 반 이상 걸려서야 도착했다.

우리가 일본 땅을 밟았을 때는 많은 비가 내리고 있었다. 가이드의 인솔하에 공항 버스를 타고 출입문 앞에서 내렸다. 여권에 대한 서류를 자세히 검토받고 출입구로 나가는데도 많은 시간이 소요되었다. 이렇게 한국 사람들이 일본뿐만 아니라 어느 나라든 외국여행을 많이 떠난다는 것이다.

팸플릿은 우리나라 말로 되어 있었다. 가이드의 설명에 의하면 옛날에는 영어와 일어로만 되어 있었는데 요즘은 한국인들이 여행을 많이 다니기 때문에 한국어로도 설명해 놓았다고 했다.

그 말을 듣는 순간 어느 운전기사의 말이 떠올랐다. "머지않아 우리나라에 또 한 번 보릿고개가 올 것입니다. 우리나라 사람들이 너무 해외여행에 투자를 많이 하여 소비성을 부추기고 있어 문제가 심각합니다."

출입구로 나와 이역의 하늘 아래서 '군산'이라고 쓴 팻말을 발견했다. 우리는 그 사람의 안내를 받으며 버스에 올랐다. 일본 운전기사는 일행들을 공손하고 겸허한 자세로 대했으며 우리들의 가방을 받아 차곡차곡 질서정연하게 쌓아 놓았다. 관광객을 유치하기 위한 그들의 서비스 정신을 엿볼 수 있었다.

우리가 후쿠가와 시가를 달리고 있는 시간은 저녁 여섯 시 반경이었다. 여기에서 일하는 가이드의 인사 소개와 이 도시의 유래에 대한 설명이 있었다.

차창 밖으로 본 후쿠가와는 중년 여인처럼 중후하고 조용한 도시였다. 혼잡한 교통 체증도 없고 속도를 위반하면서 요란하게 달리는 차량도 눈에 띄지 않았으며 고급 승용차도 없었다. 도심지 한가운데를 돌고 있는 전차가 고물이 된 채로 손님을 태우고 있었다.

옛것을 소중히 여길 줄 아는 나라 일본, 새것을 창조해나가는 나라인 것을 자부심으로 관광객들한테 보여주는 것 같았다.

우리는 후쿠가와에서도 제일 좋다는 호텔에 가서 여장을 풀었다. 가이드는 룸메이트를 정해주는 데도 신경을 쓰며 열쇠를 나누어주었다. 내일 아침 일곱 시까지 카운터 쪽 홀로 모이라는 지시를 받고 나는 윤자동생과 함께 움직였다. 배정받은 삼층 701호실까지 무거운 가방을 끌고 갔다.

호실 안의 분위기는 청결하고 정리정돈이 잘 되어 있었다. 그 섬세함에 놀라지 않을 수 없었다. 다다미방에는 전통적인 차상이 조촐하게 차려져 있었다. 거실에는 두 개의 침대 위에 잠옷까지 깨끗하게 준비되었다. 나는 일본이라고 하면 무조건 적대시해왔다. 침략으로 인한 매듭이 머릿속에 항상 고리가 되어 걸려 있기 때문이다. 가까우면서도 먼 일본을 항상 빛바랜 마음으로 바라볼 수밖에 없었다. 특히 스포츠에서 양국이 경기를 하다가 우리가 질 경우에는 심장병까지 생기던 나였다. 이번 여행으로 인해 견문과 견식이 넓어져 일본을 다시 바라보게 되어 변화된 새로운 인식을 지닐 수 있게 되었다.

밤새 깊은 잠을 이루지 못한 탓인지 일어나니 몸이 찌뿌둥했다. 일행들은 간밤에 있던 이야기로 꽃을 피웠다. 눈웃음으로 서로 인사를 나누고 가이드를 따라 호텔 안에 있는 식당으로 몰려가 아침 식사를 했다. 식당을 둘러보니 달걀 종류로 된 음식이 많았다. 말은 많이 들어본 일본 음식이었지만 듣던 바와 다르지 않았다.

윤자동생은 유머 감각이 뛰어나 종종 일행을 웃기곤 했는데 그때도 달걀 종류로 된 음식만 모조리 다 가지고 와서 먹으며 얼마나 우리를 웃게 만들었는지 순간이나마 엔돌핀이 샘솟는 듯해 기분이 좋았다.

일본 사람들은 소식을 해서 장수를 하는 사람이 많아 소식하는 것인지 아니면 음식 소모량을 줄여 부자가 된 나라인지는 몰라도 음식에 대해 아주 인색했다. 그러니 자연 쓰레기 양도 적었다. 일본의 음식 문화를 보고 나부터도 음식 찌꺼기를 덜 남겨야겠다는 생각이 들었다. 일본에 다녀가면 우리나라 주부들도 생각이 많이 달라질 것 같다.

아침 식사를 마치고 우리 셋은 호실로 들어왔다. 비디오를 찍는다기에 간단한 화장을 하고 옷도 갈아입었다. 가방을 챙기고 만반의 준비를 해둔 다음 호령만 떨어지면 바로 동작을 개시하려고 기다렸다. 그런데 아무리 기다려도 인터폰이 오지 않는 것이다. 윤자동생에게 옆방에 가서 어찌된 일인지 알아보고 오라고 했더니 그곳에 아무도 없다는 것이다. 부랴부랴 카운터로 내려갔지만 역시 아무도 없다. 어디 갔을까 곰곰 생각해보니 유황 목욕 스케줄이 언뜻 생각났다. 유황 목욕을 어느 곳에서 하는지 알 수도 없었지만 언어가 통해야 물어서라도 가보는데 정말 난감했다.

가운만 입고 머리에 수건을 질끈 맨 채 지나가는 일본 남자를 붙들고 윤자동생이 원맨쇼를 했지만 통하지 않았다. 일어 반, 영어 반으로 말을 했는데도 수화를 모르는 말 못하는 사람끼리 만난 격이 되고 말았다. 우리 셋은 어찌할 바를 몰랐다. 밖에 나와 보니 비는 하늘을 덮고 쏟아지고 있었다.

호텔 밖에 준비되어 있는 우산을 셋이서 하나씩 뽑아 펴들고 사방을 둘러보니 숲이 많은 곳에서 연기가 모락모락 피어오르고 있었다. 아! 저곳이 그곳이다. 유황 온천은 우천에서 하는 모양이라고 생각하고 그곳으로 갔다.

숲길을 따라 죽 걷다 보니 가깝게 보였던 곳이 어찌나 먼지 한 시간가량이나 걸은 듯한데도 잘 안 보여 겁이 덜컥 났다. 비는 여전히 휘몰아치는데 어찌해야 할지 막막했다.

그때 우리 앞에 미국인 남자가 걸어왔다. 윤자동생은 다급했는지 스스럼없이 "헬로우."하고 불렀다. 미국인은 엉터리 발음인데도 알아듣고 우리를 향해 다가왔다.

몸을 씻는 시늉을 하며 손짓 발짓 다 동원해서 "샤워 왓츠 유황 언더스탠." 하니까 미국인은 그 큰눈을 부릅뜨고 우리를 바라보더니 "노 언더스탠." 하고 멋진 제스처만 보여준 채 큰 키로 뚜벅뚜벅 걸어가 버렸다. 허탈한 마음도 들었지만 우리들의 행동을 생각하니 얼마나 우스웠는지 배꼽을 쥐어가며 주위가 떠나가라고 웃어댔다. 비를 흠뻑 맞아서 옷은 젖을 대로 젖고, 힘은 빠지고, 그냥 호텔로 아무 생각 없이 돌아오는 중인데 어디선가 일행

중에 한 사람이 우리를 발견하고 뛰어왔다. 덕분에 일행을 만날 수 있었다. 일행들은 모두 기쁜 표정이었다. 우리는 너무 반가워서 눈물까지 나려고 했다.

유황 목욕을 하다가 우리들이 눈에 띄지 않아 가이드한테 말을 했다고 했다. 가이드는 우리 호실에 가보고 없어서 목욕도 하는 둥 마는 둥 일행 모두가 찾아 나섰지만 아무리 찾아도 없어서 호텔에 신고까지 했다고 했다.

그 소리를 들으니 무거운 마음이 들고 신경쓰게 해서 미안했다. 윤자동생은 무슨 생각을 했는지 "언니 걱정하지 마. 내가 알아서 할 테니 언니는 보고만 있어."라고 했다. 그러더니 힘없이 서 있는 가이드에게 인상을 바꾸어 야멸스럽게 화를 냈다. 가이드는 무엇을 하는 사람이냐며, 어디를 가려면 인원부터 파악했어야지 우리같이 낙오자가 생기면 가이드 책임이 아니냐면서 성질을 냈다. 호실마다 인터폰을 한 번쯤은 눌러봐야 하는 것이 아니냐면서 따지고 들었다. 한참 듣고만 있던 가이드는 잘못을 시인했다.

일본은 온천 시설이 세계 제일인 것 같았다. 주로 온천욕을 하면서 구경을 해서 그런지 피로함 없이 다닐 수 있었다. 화산으로도 유명한 나라라서 어느 마을에는 화산 폭발로 인해 마을 전체가 땅에 묻히고 지붕만 땅 위에 걸쳐 있었다.

일본 여자들의 애교는 무쇠도 녹인다는 말이 있듯이 정말 사근사근했다. 누구나 먼저 보는 사람이 온천에서나 호텔에서나 머리를 약간 숙이며 미소로써 인사를 했다.

산이 높고 넓으면 나무들이 많이 자라는지 수목들이 아람을 이루고 있는 고장에 와서 구경을 했다. 역시 일본은 나무를 잘 가꾸어 놓았다.

가이드 말에 의하면 호주가 푸른색으로 이름이 있는 나라이지만 일본도 못지않게 나무가 좋다고 설명했다. 그 말을 듣던 나이가 지긋한 일행 중에 한 사람이 "우리나라를 점령했을 때 좋은 나무는 다 캐어 가져다 놓은 것이다."라고 분노를 터뜨렸다. 운전하는 일본인 기사가 백미러로 쳐다보며, 왜 저렇게 흥분하느냐고 가이드한테 물어서 가이드는 아무 일이 아니니 신경 쓰지 말고 운전만 잘하라고 말해 우리들은 한바탕 웃었다.

처음 가본 일본 여행에 많은 에피소드와 추억을 남겨 놓았다. 지울 수 없는 인상이 남는 곳도 구경했다. 우리가 집으로 돌아올 때까지도 비는 여전히 내렸다. 3박 4일 동안 햇빛 한 번 보지 못한 일행은 일본 태양은 어떻게 생겼을까? 하는 바보스런 마음을 가질 정도로 비만 맞았다. 비만 보고 온 것 같았지만 적대시만 해왔던 일본을 늦게나마 새로운 시각으로 바라보는 마음이 피어났다. 정기적으로 모임을 함께하는 윤자동생은 지금도 모임 날이면 심심하지 않도록 일본에서 있었던 일을 코믹하게 이야기해 가끔 웃음을 터뜨리며 회상하곤 한다.

목욕탕

여인들이 모여 정감을 돈독히 나누었던 그곳은 시대의 흐름 속으로 사라져갔다. 샘터에서 혹은 맑은 물이 흐르는 실개천의 빨래터는 담소를 나누었던 그들만의 장소다.

목욕문화가 발달되기 전까지는 빨래하는 빨래터가 여인들의 생활상을 이루는 장소이기도 했다. 빨랫감을 가지고 나와 군데군데 놓여 있는 빨랫돌을 차지하고 앉아서 빨래를 하면서 피우는 이야기꽃으로 시간 가는 줄도 몰랐다. 동네에서 있었던 일부터 시작하여 이웃집 애경사까지 파다하게 들은 뉴스를 주고받았다. 그때에 시집살이가 가혹했던 여인들은 빨랫방망이로 있는 힘을 다하여 두드리며 한 맺힌 벙어리 냉가슴속을 시원히 풀었다고 한다.

이러한 빨래터는 문화의 혜택으로 세탁기가 이 세상에 존재하면서 영원히 사라졌다. 이 시기에 목욕문화가 점점 발달되면서 목욕탕은 여인들의 휴식공간으로 탈바꿈되어갔다.

옛날 여인들은 매일 빨래터에서 빨래하기에 바빠서 목욕할 겨를조차 없었지만 목욕탕 시설도 턱없이 부족했다. 시대의 문화는 여인들에게 시간과 공간을 만들어 주었다. 목욕하는 문화가 발달되어 모든 시설이 서비스 공간으로 이어지면서 많은 이들이 즐겨 찾는 곳이 되었다.

매일 찾아와 목욕하는 사람이 있는가 하면 이삼 일씩 띄어 찾는 사람도 있다. 많은 여인들은 그곳에 찾아가 목욕을 하면서 피로와 스트레스를 풀며 미용까지도 신경을 쓰게 되었다.

인간은 원시로부터 벗고 살았던 동물이기에 가끔은 옷을 벗고 몸을 깨끗이 씻어내고 다시 옷을 입는 것도 스트레스 해소에 많은 도움이 된다고 한다.

여자의 몸은 생명을 잉태하는 모태의 위대한 힘을 가지고 있다. 고로 여자에게는 출산이라는 사명이 있는 반면에 출산 뒤에 따르는 거대한 산후후유증이 있다. 아무리 산후조리를 말끔하게 잘했다고 해도 나이가 들어가는 갱년기부터 오는 전신의 통증은 이루 말할 수 없는 고통이다. 그래서 찜질방을 찾는 여인들이 남자들에 비해 많다. 신체적인 조건이 여자들의 건강문제를 가져오기 때문에 자주 하는 목욕은 어쩔 수 없는 생활의 한 부분을 차지하게 되었다.

많은 여인네들은 목욕을 즐기는 동시에 아름다움에도 신경을 써 미백 재료를 만들어 가지고 온다. 옆 사람과 나누어 몸과 얼굴에 바르면서 정감을 나누는 기회를 갖기도 한다.

이래저래 목욕을 즐기다 보면 많은 시간을 소비하게 된다. 그래서 많은 남자들은 여자들의 목욕하는 시간을 도저히 이해할 수 없다고 한다. 남자들은 많은 시간을 소비한다 해도 고작 1시간 내지 30분이면 충분하다는 것이다.

그래도 많은 여인들은 목욕하는 시간만은 완전히 자기 시간으로 소유하고 싶어한다. 탕 안에서 만나면 서로 음료수도 사서 마시고 정담도 나누며 아무 부담 없는 수다도 떨어가며 즐기는 목욕이 가장 행복하다는 여인들이 요즘 들어 많아졌다.

목욕탕 안에서만은 모든 사람이 다 평등하다. 누구나 가진 것 없이 알몸일 때는 지위의 높낮음이 없으며 가진 자나 갖지 못한 자가 없는 공간이기에 편안하다. 그 순간만은 오직 휴머니즘만이 공존하는 곳이다.

때로는 가끔씩 부딪치는 사람도 있었는데 요즘 문화의 수준으로 목욕하는 매너도 승화되면서 상대편에게 배려할 줄도 안다.

또 자기의 인격을 생각하는 사람이 많아져 서로의 반목과 갈등은 거의 없어 보이는 공간이기도 하다. 자주 만나다 보면 우정이 돈독해지면서 목욕탕 모임이라는 이름으로 봄, 가을 없이 놀러 다닌다. 서로가 많은 소식을 몰고 와서 생활의 공감대를 이룬다. 서로 나눔을 아는 공간의 분위기로 바뀌었다.

즐거운 인사는 필수이다. 익어가는 낯빛으로 반가움을 인사와 미소로써 표현한다. 목욕을 즐기다 보면 가끔씩 가슴에 밀려오는 행복에 마음이 유쾌해질 때가 있다.

엄마가 아이들을 데리고 와서 목욕을 하는 매너부터 목욕하는 순간까지 조용히 가르치는 것을 볼 때면 그 엄마의 아름다움에 한 번 쳐다보며 미소를 보내게 된다.

집에서도 이야기할 수 없는 모녀만의 비밀이야기를 할 수 있는 곳도 목욕탕이다. 매일 가던 목욕을 무슨 일이 있어 하루라도 빠지고 보면 몸에서 냄새가 나는 듯하고 찜찜한 생각이 들며 잠도 잘 오지 않는다.

산으로 들로 산책을 하고 나서 목욕탕에서 목욕을 하고 저녁노을을 바라보며 집으로 향하여 거닐 때 온몸으로 서늘한 바람이 스며든다. 상쾌한 기분을 느끼는 순간 가슴으로 밀려오는 행복감으로 가득 찬다.

목욕을 자주하는 사람에게는 목욕탕이 가까이 있다는 것도 가끔씩은 행운으로 느껴질 때가 있다. 추운 겨울이나 비가 많이 오는 여름날에 목욕탕이 멀면 심란하다는 생각이 든다.

목욕탕 안에는 임산부나 몸이 많이 불편한 이들을 위해 돈을 받고 때를 밀어 주는 이가 있다. 목이 마르거나 목욕할 때 쓰는 용품을 파는 매점도 있다. 목욕탕에는 서비스 시설이 잘 되어 있어 모든 사람들에게 편리를 제공하는 공간이기도 하다.

목욕탕은 모두에게 공생 공영하며 생활에 활력을 주는 공간이 아닌가 싶다.

여름 산사

올여름 삼복무더위는 오랜 세월을 살아오는 동안에 몇 번 없던 일인 것 같다. 아직도 이 무더위가 얼마나 남아 있을까 하는 생각만 해도 정말 괴롭다. 마침 직장에 다니는 자식들이 하기휴가가 있어 온 집안 식구들이 야외로 잠깐 나가기로 했다.

너무 덥다 보니 막상 야외로 나가려고 생각하니 나이가 든 탓인지 걱정부터 앞섰다. 앞으로 가는 세월의 무게가 더하면 더하지 가벼운 나이가 오지 않는다는 손녀딸의 말에 용기를 내어 가족 분위기도 살릴 겸 앞장섰다.

행선지는 하루 코스로 가까운 산사에 가기로 결정했다. 행선지는 금산사로 했다. 승용차 두 대로 출발했다. 얼마쯤 갔을까. 손녀딸이 금산사 입구에 다 왔다고 했다. 가까운 거리니 피로감도 없고 아늑한 산사를 구경하는 것도 나이 든 사람에게는 다행한 일인 것 같다.

주차장에 차를 세워놓고 금산사 입구에서부터 걷기 시작했다. 휴가를 이용하여 많은 사람들이 계곡물을 따라 양쪽으로 텐트를 죽 쳐놓은 것을 볼 수 있다. 그곳에서 많은 사람들이 여름휴가를 즐기고 있다. 인간은 나면서부터 자연의 소속물임을 또 한 번 실감하게 한다.

웅대한 대자연의 힘 속에서 생명을 잉태받은 동물이기 때문이다. 흙 냄새가 좋아 건강해지고 숲 속에서 나오는 피톤치드를 계속 들이마시면 몸도 마음도 편해지면서 상쾌한 기분을 느낄 수 있다.

이곳에 머물면서 사람들은 끼니도 해결하고 잠도 잔다고 한다. 휴가의 일정을 보내는 듯했다.

어떤 이들은 계곡물에 발을 담그고 있는가 하면 바위에 몸을 던져놓고 한가롭게 낮잠을 자는 사람도 있다. 올여름 같은 무더위에 얼마나 지쳤으면 천국 같은 이곳에서 집으로 돌아갈 마음조차 잃었다고 한다. 산책길을 새로 내어 많은 사람들에게 편리하면서도 기분 좋게 산사를 구경할 수 있도록 만들어 놓은 걸 보니 고마움이 일었다.

우거진 숲 사이로 난 길을 걸으면서 자연의 맛과 멋이 어우러진 금산사의 명당을 찾아 걸음을 재촉했다. 한참을 걷다 보니 땀이 비 오듯 온몸 안으로 흘러내렸다. 절문에 당도한 듯했다.

큰아들은 사월 초파일이 생일날이어서 그런지 절에 대한 관심을 꽤 가지고 있다. 틈이 날 때마다 우리나라 유명한 사찰을 거의 다 찾아다닌다. 언제나 기와불사와 대웅전에 모셔진 부처님의 용안을 뵙는 일에 게을리하지 않는다.

금산사의 절문 안으로 들어서면서 기와불사에 신경을 쓰며 복전이라고 쓰여 있는 그곳부터 챙긴다. 가족의 건강과 사업의 비전을 위에 기와에 정성껏 써내려가는 아들의 어질고 참된 모습을 한참 동안이나 뿌듯한 마음으로 물끄러미 바라보았다.

갑자기 하늘에 먹구름이 일어 맞바람을 동반하면서 산사를 휘감는다. 너무 무더위에 시달리다 보니 소나기라도 한 줄기 지나갔으면 했는데 몇 분이 지나지 않아 굵은 빗방울이 한두 방울씩 떨어지기 시작했다. 순식간에 몸을 피할 수 있는 기회조차 주지 않고 장대비로 변해버렸다. 갑자기 발생한 일이라 당황하지 않은 모습으로 비를 피할 수는 없었다. 그 와중에도 자식들은 나이가 있는 부모를 챙기느라 온갖 신경을 세우고 있다.

조금 지나자 천둥번개가 치기 시작하더니 온 산사를 뒤덮을 듯한 아주 요란한 빛과 폭음이 우리 가족들의 심기를 불편하게 만들었다. 어느 곳으로 가 몸을 피해 볼까 하고 이리저리 장소를 찾고 있는데 기와불사를 하는 건물에 있는 보살이 자꾸만 그 장소로 들어와 비를 피하라고 우리 가족들을 바라보면서 권한다. 할 수 없이 그곳으로 들어가 비를 피할 수밖에 없었다.

천둥, 번개는 그칠 줄을 모르고 굵은 빗방울로 퍼붓는다. 한참 동안 침묵이 흘렀다. 천둥번개만이라도 그쳐주었으면 싶은 마음이 간절한데 보살은 우리 가족을 세심히 바라보다가 서울에서 오셨느냐고 묻는다. 참 다복한 가정이라고 말하며 덕담까지 잇는다.

창밖을 바라보니 어두워지는 산사를 비와 천둥과 번개가 뒤덮고 있다. 시간이 갈수록 초조해지는 마음은 더할 바가 아니었다.

미안한 마음에서 가족들의 의견을 물어보고 있는데 보살은 지금까지 그치질 않는 걸로 보아 이 산사를 빨리 빠져나가야 한다고 한다. 산사의 천둥번개는 평지보다 몇 배가 더 무섭게 내리친다고 한다. 그 말을 듣는 순간 아들은 재빨리 밖으로 나갔다. 절 안에 있는 선물센터에 가서 우산 다섯 개를 사들고 와 가족들에게 나누어주었다.

우리들은 약간 비좁은 방이었지만 잘 쉬고 나왔다. 밖으로 나와 보니 빗줄기는 어느새 가늘어졌다. 천둥번개마저 멈춘 듯했다. 산 너머 먼 곳에서 번개의 빛이 번져오고 천둥소리도 간간이 들려왔다.

한바탕 퍼붓고 지나간 덕으로 나무들은 다시 생기를 찾은 듯 보였다. 많은 빗방울이 나뭇가지에서 계속 떨어졌다. 땅에는 빗물이 고이고 열기로 가득 차, 후덥지근했던 대지가 식으면서 상쾌하고 시원한 바람이 몸으로 스며들었다. 어느새 불쾌지수가 싹 가시며 기분이 한결 좋았다.

이렇게 시원하고 상쾌한 바람을 올여름에 한 번도 느껴본 적이 없었는데 산사에 와서 순간이지만 보물 같은 바람의 맛을 느끼고 가니 잘 왔다는 생각이 들었다.

큰아들과 작은아들은 주차장에 가서 차를 가지고 오겠다고 하고 남은 가족들을 산사에 있는 찻집으로 안내했다.

찻집에 들어가니 산사의 찻집답게 인테리어가 되어 분위기가 좋았다. 참으로 신선했다.

각자가 좋아하는 차를 시켜놓고 분위기에 취해 즐거운 마음으로 마셨다. 오늘 하루에 있었던 일이 먼 훗날 가족들에게는 아름다운 추억으로 마음 한구석에 남아 있을 것이다.

두 아들이 차를 가지고 오기를 기다리는 가족들의 눈은 저물어 가는 산사의 창밖으로 연신 쏠리고 있었다.

소설

순이

■ 소설

순이

아까시 꽃이 피고 보리가 제법 누렇게 여물었다. 그 어려운 보릿고개를 헤쳐나오면서도 인생의 느긋한 훈향을 잃지 않은 것은 그래도 흙을 사랑하는 깊은 마음이 있어서다.

이런 어렵고 고달픈 삶 속에서 오늘도 순이는 땅을 긋고 돌을 차며 혼자 뜀질을 하다 말고 픽! 웃고 돌아서며 이웃집을 건너다 보았다. 그러나 복순이네 집은 인기척 하나 없이 잠잠했다. 으레 이맘때면 학교에서 돌아온 복순이가 마루에 상을 내놓고는 공부한답시고 골똘히 뭘 쓰거나, 일부러 소릴 높여 책을 읽거나 했다. 그럴 때마다 순이는 아니꼬운 마음에 등에 업은 아가의 종아리를 꼬집어 울리기라도 해서 훼방을 놓아야만 심술이 풀렸다.

담 하나 이웃하고 지내면서 전에는 복순이와 오순도순 그렇게 정다운 사이였다. 그랬던 복순이가 이해 봄, 십 리 장터의 학교에 들어가고 난 다음부터는 어쩌면 그렇게 데데해졌는지 모른다. 밤낮 아가 시중이나 들고 부엌 뒤치다꺼리나 하면서 날을 보내는 순이는 복순이 하는 일이 매사 배알이 뒤틀렸다. 그래서 숫제 말도 않고 지냈다. 하지만 순이는 아무래도 복순이가 바짝 뽐내고 다니는 그 꽃무늬 고무신만은 부러웠고, 무엇보다 샘이 났다. 그렇다고 순이에게 신이 없는 것은 아니었다. 코모가 좀 찢어지고 밑창 위쪽이 닳아 구멍이 나긴 했으나 이렇게 마른 날에는 끄시고 다닐 만한 고무신이 있긴 했다.

그 고무신은 지난해, 대목장에서 설날에 신으라고 아빠가 선심 쓰고 쌀과 바꿔다 준 것이었다. 그러니 일 년도 훨씬 넘었다.

생전 처음 만져보는 이 고무신을 순이는 얼마나 오져하고 애지중지했는지 모른다. 그날은 밤이 늦도록 만져보고, 품어도 보고 하다가 급기야는 엄마한테 꾸지람까지 들었다. 순이는 그 신을 머리맡에 가지런히 놓고 잠들었다가 꿈결에 깜짝 놀라 깨어나기도 했다. 순이하고는 단단히 이가 틀린 복순이네 방울이란 놈이 신 한쪽을 물고 달아나는 것을 보고 그만 소스라쳐 놀라 깨어 보니 꿈이어서 이내 새벽까지 이불 속에서 신을 품은 채 잠을 못 자던 신이기도 했다.

그러다가 올해 봄 나면서부터 그 신이 갑작스럽게 싫어진 건 신이 닳아서만이 아니다. 작년 가을에 추수한 게 워낙이 적은 데

다가 반 이상을 복순이네 집에 들여놓고 나니, 한겨울 날 것도 옹색해진 판이라, 읍내 초등학교 가는 건 벌써 염도 못 내고 그만 두었다. 하지만 고 계집애까지 저 혼자 학교엘 다니면 고이 다닐 일이지 꽃신 하나 신었다고 온 동네방네를 뽐내고 다닐 건 뭔가 싶어, 순이는 학교 못 간 분통이 꽃신으로만 터졌다.

그해 애걸복걸하다가 순이는 몇 차례 두들겨 맞았다. 그러고도 이 애 닳는 속을 몰라주는 아빠에게 아무래도 꽁해져 여름 접어들어서는 숫제 맨발로 지내왔다. 복순이 앞에서 얼굴 화끈하게 부끄러운 일이었으나, 이렇게 해야만 아빠에게도 심술을 부리고 다소나마 직성이 풀리는 듯도 했다.

아빠는 이토록 고집을 부리는 순이를 속으로 가여워했다. 마침내는 금이야 옥이야 하는 야랫 마지기 보리 논 귀퉁이를 우선 풋바심(처음 타작)해서 이날 새벽 장에 가신 것이다. 아빠가 고 예쁜 꽃신을 들고 올 것을 생각하면 순이는 금세 신바람이 나서 가슴이 울렁거렸다. 그러기에 오늘따라 순이는 복순이가 부럽지 않았다.

"복순아, 봐라. 나도 꽃신 있다."

하는 심정에 은근히 기다려지기까지 했다.

이글거리는 해는 하늘 복판에서도 훨씬 기울어졌다.

아침에 밭에 나간 어머니는 쉬 돌아올 것 같지 않았다. 순이는 쪼르륵하는 배를 한 번 졸라매고는 부엌으로 들어갔다. 대나무 조각으로 엮어 짠 살강(선반)은 아무래도 키가 안 닿았다.

여느 때처럼 설거지통 밑자리 빈 데를 개발로 간신히 디디고 올라섰다. 엎어둔 몇 개 안 되는 투가리(뚝배기)며 사기그릇들을 들추어보았다. 그러나 먹을 것은 누른갱이(누룽지) 한 쪼가리도 눈에 띄지 않았다.

빈 그릇이 원망스러웠다. 간신히 내려서니 빈 창자에 허기가 한층 찡 울리었다. 점심 띄우는(거르는) 것이야 겨울나면서부터였으니, 뭐 새삼스럽거나 서러울 것도 아니었으나 순이는 엊그제 풋바심한 끝이라 혹시나 했던 것이다.

그러자 한잠을 후북히(충분히) 자고 난 아가가 방안에서 앙앙 울어대었다. 순이는 코를 한 번 크게 훌쩍이고는 토방에 발을 쓱쓱 문지른 다음 방안으로 뛰어 들어갔다.

어둑어둑한 아랫목에 아가는 골이 난 듯이 발버둥을 치며, 악다구니 울음을 내지르고 있었다. 순간 순이는 꽃신 일을 잊었다. 우는 아가가 자기처럼 슬프고 안타깝게 보였다.

"아가, 울지 마. 응? 엄마 곧 온다. 와서 젖 많이 준대……."

순이는 아가를 힘없이 안아 일으키면서 달래었다. 그러자 자기도 모르게 눈물이 핑 돌고, 목이 메었다.

반나마 넝마가 된 띠를 찾아 마구 아가를 둘러 업은 순이는 마당으로 나왔다.

밖은 그대로 밝았고 마당엔 한낮의 고요가 무겁게 자리잡고 있었다. 이리 흔들 저리 흔들 아가를 어르기도 하고 엄마한테 귀동냥한 자장가도 불러보았다. 그러나 입술을 삐죽삐죽 빨면서 칭얼거리는 게 어지간히 배가 고픈 모양이었다. 아가가 쉽사리 달래질 듯싶지 않자, 순이는 단념한 듯 싸리문을 나섰다.

"아가 그만 울어! 배고프면 너만 고프냐? 엄마한테 가 꾸지람 들으면 봐라."

그렇게 오지 말라고 신신당부하고 간 엄마를 생각하니 순이는 저절로 짜증이 터졌다.

순이는 사금파리(그릇조각)라도 밟을까 논길이 여간 조심스러웠다. 이따금 맨발로 걷는 발가락에 돌부리라도 채일 때면 한참 서서 찔끔찔끔 울상이 되곤 했다. 더구나 햇살이 따가워서인지 등에 업힌 아가는 곧잘 얼굴을 비벼대면서 마땅찮아 했다. 그럴 때마다 땀띠 난 자리가 쓰리어 견딜 수가 없었다.

강 둔덕 패말목에 송아지가 매어 있었다. 순이는 그 옆으로 다가가 등을 내밀었다. 아가는 그제야 칭얼거리기를 그쳤다.

"송아지야, 우리 아가 안 운께 이쁘다. 그렇지?"

연방 어르면서 순이는 슬금슬금 엄마를 찾았다.

흰 수건을 머리에 두르고 골똘히 보리 목을 끊고 있는 엄마가 멀리 보였다. 이때 느닷없이 '음메' 송아지가 울었다. 덩달아 아가도 자지러지게 울어젖혔다. 그러나 순이는 그대로 얼마간을 울리고 서 있었다.

"순이야, 순이야."

멀리서 엄마가 부르는 소리가 들려왔다. 그제야 기다렸다는 듯이 순이는 몸을 돌려 엄마를 향해 강둑을 내려갔다.

"이 뙤약볕에 더위 먹으면 어쩔라고 아가를 데리고 왔냐? 그만큼 일렀는데도……. 쯧쯧."

혀를 차고 꾸중을 하면서도 엄마는 등의 아가를 널름 끌어안았다.

땅에 쭈그리고 앉자 단 땅김이 후끈 숨을 막았다.

"글쎄 막 띠사구를 놓는 걸 뭐. 업어 주어도 그치지 않고."

순이는 뾰루퉁해서 멀리 하늘 끝으로 눈을 주었다. 거기에는 솜구름이 걸려 있었다.

"암만 울어도 이 뙤약볕에 아가를 데리고 나오면 안 되야. 어쩔라고……. 여름철 아가들 병은 달리 없다. 더위 먹어봐라 큰일이데이……. 뭐가 있냐. 우리 형편에 약을 쓰겠냐. 무당굿을 하겠냐."

엄마가 조용히 타이르자 순이 마음은 걷잡을 수 없이 서글퍼졌다.

"너도 그렇지. 아빠가 장에 가셨는데도 오늘도 고집스레 맨발이냐? 글쎄 복례동생 못 봤냐? 맨발로 돌아다니다가 저 강둑에서 독사한테 물려 갖고 꼭 퉁어리처럼 몸이 퉁퉁 부었드구나."

이 말에 쭈뼛해져서 제 발등을 잠시 굽어보던 순이는 오늘 아빠가 꽃신을 사오면 다신 그러지 않겠다고 스스로 누그러지는 것이었다.

젖에 배를 불린 아가는 순이 등 뒤에서도 이젠 잠잠해졌다.

"배부르지, 응 아가. 인잔 배부르지? 집에 가서도 울지 마라. 그러면 아빠가 와서 뽀뽀해 준다. 응."

순이는 들길을 빠져 강둑 길을 타고 돌아오면서도 줄곧 말끝마다 '아빠가 오면' 하고 혼잣말로 아가를 얼렀다. 발 밑에 지푸라기라도 밟힐 적이면 복례동생 생각이 나서 깜짝깜짝 놀라곤 했다.

순이는 실제 자기가 뱀에게 물려 퉁퉁 부어 가지고 누운 모습을 상상해 보았다. 그리고는 이마를 찡그렸다. 그래서는 아니 된다고 순이는 혼자 속으로 거듭 다짐했다. 엄마 말대로 집은 누가 보며, 아가는 누가 보는가 싶었다. 아빠가 품팔이로 집에 붙어 있을 새가 없고 엄마가 아가 때문에 꼼짝달싹 못하면 우선 밭에 심은 고추와 콩, 메밀 같은 것이 큰일이었다. 올해도 곡식들이 안 된다고 보면 무엇보다 명년에도 학교엘 못 갈 것 아닌가, 생각만 해도 가슴이 덜컥 내려앉았다. 그러자 가슴은 더 답답해지고 콩알만 해졌다. 더욱이 마을 앞 비석거리 성황당 앞에서는 마음이 더욱 조였다. 언젠가 한낮에 몸을 도사린 꽃뱀을 바로 그곳에서 보았기 때문이었다.

순이는 동네 골목을 접어들면서 비로소 마음을 폈다. 한 줄기 소낙비라도 뿌릴 심보인지 하늘은 여전 감푸륵(검고 우중충함)했다. 순이는 그늘이 비낀 감나무 밑에 가서 잠시 띠를 풀려다가 이내 거적을 말아 들었다. 텃밭머리 응달 밑을 대충 쓸어낸 다음 순이는 거적을 펴고 아가를 등에서 내려 눕혔다. 아가는 이내 스르르 잠이 들었다. 색색 숨소리가 무작정 귀여워지는 순이다.

하늘을 우러러보았다. 아무래도 걱정이 되었다. 비가 내리면 장에 간 아빠가 흠뻑 비를 맞을 것 같아서다. 그러면 꽃신도……. 이토록 아빠가 기다려지고 비 맞은 아빠가 걱정되는 건 처음인 것 같다.

어디선지 쓰르라미가 울었다. 쨍. 감나무 위는 아니다. 순이는 고개를 돌렸다. 더위를 타 시들한 봉숭아 그늘 밑에서 나는 듯도 했다. 그 소리를 들으니 그새 잊었던 허기가 다시 고개를 치밀었다.

해 기운이 가시고 땅거미가 졌다. 온 마을이 소란거리는 참이었다. 대숲을 찾아 날아드는 참새들의 지저귐, 그리고 강둑에서 돌아오는 송아지들의 울음소리. 이때가 되면 잃었던 생기를 들이킨 듯이 온 동네가 활기를 띠고, 숨도 가벼워지곤 했다.

아까부터 순이는 사립문에 귀를 모으고 있었다. 기다려지는 것은 엄마보다도 아빠였다. 그러자 골목이 어수선하더니 사립문이 열리면서 시커멓게 탄 얼굴에 얼큰하게 술기가 오른 아빠가 들어왔다.

"순이야, 이거 받아라. 이거. 니가 그렇게 노래부르던 꽃신이다."

순이는 탄성을 지르면서 그 앞으로 메뚜기처럼 뛰어갔다. 그리고 덥석 소금에 절은 자루를 숨이 가쁘게 풀어헤쳤다. 소금과 함께 마분지 틈으로 코빼기 꽃무늬가 드러났다. 아빠의 눈치를 살필 겨를이 없이 순이는 부산하게 신을 꺼냈다.

"하하하. 순이가 좋아서 흥이 절로 났구나. 애비 등골 빼는 년. 그래. 좋다, 좋아. 애비는 뼈가 부서져도 너는 꽃신 타령만 하더니. 그래라 그래. 아따 어서 신어 봐라."

"아이, 꼭 맞아. 아빠. 고맙습니다."

순이는 고개를 넙죽 꺾어 인사했다. 아빠를 쳐다보는 순이의 두 눈이 초롱초롱 빛났다.

순이는 거적 위에서 신을 신고는 차마 땅을 밟지 못했다. 이리보고 저리보고 하면서 속에 맺혔던 것이 일시에 내려앉는 듯 후련하였다. 생각 같아서는 금방이라도 복순이 앞에 나타나 자랑을 하고 싶었다.

그러나 순이는 마음을 눌러 앉히고 텃밭으로 들어갔다. 아버지 좋아하는 상추를 뜯고 싶어서였다. 아빠가 얼마나 시장해 할까 싶은 마음이 들었다. 상추를 뚝뚝 끊으면서도 순이 눈은 연방 거적 위의 꽃신으로만 갔다. 저 꽃신을 신고 명년에는 꼭 학교에 가야지.

순이 얼굴은 저절로 생글생글해졌다. 이때 주위가 갑자기 어두웠다가 다시 히끄름해졌다. 순이는 멈칫 고개를 들어 서쪽 하늘을 바라보았다.

"아빠가 얼마나 시장할까. 그리고 엄마도……."

자기 배고픈 것은 잊어버리고 순이가 노을을 바라보며 혼자 중얼거리는 말이었다.

≪옥잠화≫ 1956. 12. 25. 게재.

소영자 수필집

설렘은 여전히

초판인쇄 : 2010년 12월 16일
초판발행 : 2010년 12월 20일

지은이 : 소 영 자
펴낸이 : 서 정 환
펴낸곳 : 신아출판사

등 록 : 1984년 8월 17일 제28호
주 소 : 전주시 완산구 태평동 251-30
전 화 : (063) 275-4000, 252-5633
E-mail : sina321@hanmail.net

값 10,000원
ISBN 978-89-5925-800-0 03810

* 저자와 협의하여 인지는 생략합니다.
* 잘못된 책은 바꿔 드립니다.

* 이 책은 전라북도 문예진흥기금을 지원받아
발간비 일부를 충당하였습니다.